密大法学院校园

校园雪景

图书馆

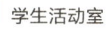
学生活动室

宿舍

北校区鸟瞰图

校园的小松鼠（摄影／吴松浩）

加州大峡谷

留学修炼手记
你所不知道的留学故事

曼筠／著

中国法制出版社
CHINA LEGAL PUBLISHING HOUSE

有梦的征途

在我读书的年代,留学还只是少数人的选择,伴随着改革开放的大潮,留学生越来越多,人们对留学也不再陌生。女作家曼筠用饱蘸着感情的笔触,向我们倾诉了她丰富多彩的留学生活,以文学创作者的视角,向读者刻画了异国他乡种种生动的人物和景象,给人耳目一新的感受。

曼筠是一位年轻的法律人,在繁杂的事务中,她能在业余时间,在生活的一隅,写出一段段、一篇篇精彩而又精致的文字,实在是难得之事。正是由于她的勤奋好学,才有了她给我们构造的一段丰富的美国留学故事。当然,这也是作者在美国密歇根大学就读法学院的经历。从作为新生入学,到结识美国的校友和师长,学习法律课程,参加校园活动,与当地美国家庭共度节日,与旅美华人交往……

除了向读者展现丰富多彩的万花筒般的校园生活,作者敏锐的目光还捕捉到校园内外的建筑、体育、音乐等自然和人文风光,并记录下了对不同城市的体验和感悟,给读者呈现出一幅立体多元的美国生活全景图。在作者生动活泼的描绘中,很多场景跃然纸上,许多人物仿佛就活动在我们身边,让人有种跟着游历了一番的感受。

作者的专业是法律，所以她有着法律从业者的睿智、理性和冷静。同时，她的作品又有着一位女作家的细腻和柔美。她笔下的风景，既有大气瑰丽的一面，又在细节中流露出真情。异域风土人情在她充满东方含蓄优雅特色的笔下，散发出独特的韵味，让人感受到别样的情致与格调。

读罢这些优美的文字，不仅能触摸作者的心灵，也能感受到她对生活的热爱，对专业的敬畏，对文化的思索。从字里行间，我感受到了作者的积极进取，她笔下的一景一物乃至学习生活都是格外立体真实的；而由于作者以热爱与真诚的视角进行观察，文中的每一处景观、每个人、每一段故事都是灵动的，也是温暖的。即使是游子的孤寂，在星夜下也变得美好和富足。这本书传递的正能量促人奋进。

而同时，作者将较为成熟的思想付诸笔端，让人感受到其文字的磅礴大气。正如作者表达的：漂洋过海的学子们，不仅没有因出国留学而淡漠对中国的大爱与赤胆忠心，反而使这种感情变得更加强烈而坚定。留学生不是离开了自己的国家，而是带着对祖国深沉的爱和眷恋，怀着一份责任和勇气，披荆斩棘，跋山涉水，观察、思索、感悟。

"每一个走进这所法学院的同学，身后都是一串足迹。这些足迹也许是大漠洪荒里的跋涉，也许是通幽曲径里的漫步，也许是海岸线一侧的伫立，也许是丰饶沃土中的耕耘。没有一个来到这里的人不曾辉煌，正如每一个努力的灵魂都值得敬佩和尊重。"作者笔下的留学生活，不仅洋溢着热度，涌动着温度，也沉淀着深度。

书中的很多温馨提示和留学心得，对没有去过和准备去美国的留学生或许有不少助益；作者的职业生涯规划和求职经历，或许能让面临同样境况的年轻人少走一些弯路。这些闪光点，让这本书不仅有可读性，而且具有较强的现实意义。

这本书是作者对从前一段经历的提炼和升华，其文字中透露的质朴厚重和情节的丰富，都让我看到作者的成长。希望她在文学道路上继续拓展，把个人在法学专业领域的学习和工作经历融入时代发展和社会变迁中，写出更多更好的优秀作品，为法治中国的建设贡献智慧和力量，同时在文学的百花园中盛开出芳香的花朵。

山东省作家协会副主席

山东省报告文学学会会长

铁流

2019年10月6日

目录

CONTENTS

引言：历史深处的回眸 //001

第一章　与安娜堡相逢在秋季

　　壹　午后的图书馆 //006

　　贰　新生欢迎周 //009

　　叁　每个同学都带着夺目的光环 //011

　　肆　学术泰斗的选课咨询 //015

　　伍　第一节是公益课 //018

　　特别提示：入学前的准备工作 //021

第二章　融入法学院生活

　　壹　像超市购物般选课 //024

　　贰　宪法课的全新体验 //027

　　叁　法学院的建筑和文化 //036

　　肆　酒吧里的课后交流 //043

　　伍　像律师一样思考 //050

　　特别提示：开学后必做的五件事 //057

第三章　留学生的酸甜苦辣

壹　美好生活 / 政府 //060

贰　苏格拉底教学法 //066

叁　证券法的无人之境 //075

肆　并购课的"高盛"女人 //077

伍　影响力投资的律师实务课 //080

陆　认知科学与法律推理 //086

特别提示：融入学习生活要注意的事项 //099

第四章　课堂之外的时光

壹　与独木舟的约会 //102

贰　加油，密歇根！//109

叁　在美国考驾照 //119

肆　奥巴马来到密歇根演讲 //125

伍　在美国过年 //130

陆　歌舞升平的百老汇 //133

特别提示：美国留学课余时间如何度过 //145

第五章　那些旅美华人的爱与痛

壹　Rebecca一家 //148

贰　信仰基督教的中国人 //151

叁　中国留学生 //154

肆　佛学沙龙 //160

伍　移民还是回国？//167

特别提示：华人留学生在美国要注意的事项 //175

目 录

第六章　了解一个真实的美国

　　壹　首都华盛顿特区 //178

　　贰　纸醉金迷的大都会纽约 //183

　　叁　世界最美的城市旧金山 //187

　　肆　天使之城洛杉矶 //190

　　伍　度假，在水一方 //194

　　陆　毕业季再赴加州 //198

　　特别提示：美国旅游小贴士 //203

第七章　阳光下的毕业季

　　壹　战斗在考试周 //206

　　贰　隆重的毕业典礼 //215

　　叁　人生需要仪式感 //229

　　肆　寻找职业发展之路 //232

　　伍　不同的选择，不同的命运 //240

　　特别提示：应对考试的十个黄金法则 //245

尾声：告别，是为了重逢 //247

后记：雁归 //267

附：申请文书 //271

　　壹　个人陈述 //271

　　贰　研究计划 //273

　　叁　教授推荐信 //276

致　谢 //279

· 003 ·

引言：历史深处的回眸

密歇根大学，在最美的青春里与你相约，我从不后悔。在很多美景里，在很多梦境里，我都会记得与你的相逢。

有人说，身体和灵魂，总有一个要在路上。

密歇根大学，我魂牵梦萦的青春之所，每当我翻看一张张或灿烂或严肃的照片，都仿佛回到那一年多浸润着欢笑与泪水的时光。那段突出重围在法学院奋战的岁月，那些热血沸腾充满激情的人，那些浪漫悠远的风景，在无数个梦里向我款款走来。

密歇根大学，离开你已七年有余，但我知道，对你的回忆与思索从未离开。每一个阳光明媚、天空湛蓝的日子，我都仿佛回到美利坚这片沃土，聆听你讲述的一段段动人的故事。

密歇根大学，一所历经百年沧桑的世界名校，中国"物理学之父"吴大猷博士，中国工程院第一任院长、"两弹一星"科学家朱光亚博士，1976年诺贝尔物理学奖得主丁肇中博士，中国第一位大学女校长吴贻芳博士，著名法学家吴经熊博士等曾在此负笈。

密歇根大学，一所高度国际化的公立常春藤，四十多人的法学硕士项目（Master of Laws，LLM）就读的学生来自世界各地，包括英国、爱尔兰、芬兰、德国、意大利、克罗地亚、新西兰、南非、日本、菲律宾、墨西哥、巴西、巴基斯坦、伊朗、中国大陆及中国台湾等。丰富的国籍和法律背景开拓了学生们的国际视野，帮助我们建立起了广泛而持久的友情。

密歇根大学，一个充满激情与活力的梦想舞台，古朴凝重的法律人俱乐部（The Lawyer's Club）映刻着我奋笔疾书、挑灯苦读的身影；雄伟恢宏的哥特式图书馆、高耸入云的U-Towers宿舍楼之间穿梭过着匆匆奔走的脚步。教学楼别致的咖啡吧中，我与导师一对一交流，探寻知识、探讨职业规划；校外的中国餐馆，我和同学们相谈甚欢……

密歇根大学，全美输送法律学者和法官最多的学校，在这里，我学习了宪法与美国法律制度概要、公司法、证券法、国际商事交易、美国法律研究分析方法、认知科学与法律推理、影响力投资律师实务、交易写作等课程，而更多的，是真正领略了美国的教育，体验了美国的生活，掌握了一门技艺，立志用专业和智慧更好地造福他人和社会。

密歇根大学，与中国关系最密切的美国大学之一、"乒乓外交"的发源地，我不敢妄言在这里读懂了美国文化和制度的精髓，但我可以大胆地说，我倾听过中美两种制度的对话，感受过多样文化的碰撞，体验过不同思想的交流。

密歇根大学，你让我始终拥有一个在路上思考的灵魂。

离开你的日子里，我所能记起的，也许只有几个片段，几句英文，几张面孔，但你的魂魄如雨，如云，如风，如影随形。

我在美国体悟着你，感受着你，却更加清醒地意识到自己是一个中国人。

回国后我一遍遍回味着你赠予我的佳酿，却更加深刻地思考着自己国际化法律人的身份。

密歇根大学，你让我明白，中美之间虽有制度差异、文化差别，却又有着共通的价值理念与人文关怀。

你让我知道，物质终会腐朽，而精神生命将长存。

密歇根大学，我的人生道路还很漫长。未来我将继续携着你的手，带上你馈赠于我的精神财富，走向更广阔的天地。

我遥望着远方，也凝视着脚下这片深情的故土，而你，注视着我。

第一章

与安娜堡相逢在秋季

壹 午后的图书馆

第一次见到 Stephanie，是在一个阳光明媚的午后。我迈着轻快的步伐走上法学院的阶梯，推开图书馆厚重的散发着历史气息的大门，走进那座霍格沃兹城堡般的殿堂。

密歇根大学被人们称为美国"西部的哈佛"，其法学院无论学术声望还是师资力量，都在美国大学中排名靠前。作为一所顶尖的法学院，密歇根大学的法学院接纳了世界各国和美国全国的优秀学子，源远流长的学院历史长河里，留下无数学子长途跋涉

图书馆

的足迹和深居修行的身影。

图书馆里空荡荡的，因为假期的原因，还没有什么人。一盏盏安静的台灯端放在木质的宽敞书桌上，形成一串纵深的景观，阳光透过彩色雕花有厚度的玻璃窗投射进来，亮处的光在桌上温暖地栖息，暗处没有光照的地方则更加诉说着饱满的深邃故事。桌边紧靠墙的地方摆着一排书架，书架上陈放的书多半是几厘米厚的法学典籍。由于历史悠久，这些书蒙上了淡淡的黄尘，更显现出不同寻常的身价和含金量。一眼望过去，台灯、书桌、阳光下的书架整齐而有序，让人不得不感叹这个偌大图书馆的优雅别致和端庄大气。

同样让我感叹的是系秘书，前文提到的 Stephanie。我是在法学院图书馆内的一间办公室见到她。推开门的刹那，一个身材高挑、极为漂亮的女士闯入眼帘。她身着米白色的真丝衬衫，面色在颈间一枚白金项链的衬托下格外有光泽。她不戴眼镜，眼睛又黑又亮，睫毛又密又长。略带褐色的短发干练而精神，与她高挑而瘦削的身姿相称，让人感受到宁静、别致与玲珑。她如同一个高冷的短发芭比娃娃，散发着美丽清澈的气息，让人深深被吸引，感受到无限美好与欣然。

"欢迎你，Elena。"她说着，转身引领我到办公桌边，把开学新生指导周需要的资料包递给我。签过到，她给我介绍了住宿的地方，并叮嘱我一些注意事项，如不要忘记交保险费用、食堂开门的时间，以及新生周需要提交的个人简介（Autobiography）等。

听完这些详细的介绍，我环顾四周，打量这间办公室。其实办公室里还有一个老师，胖胖的，名叫 Barbara。我对她报以微笑，她也对我笑眯眯地点头示意。夏天的风温热，让这间屋子充溢着温情和暖意。我感受到两位教辅人员的高素质和好气质，更对这所法学院充满好感，对即将到来的学习生活充满期待。

走出石头屋顶的图书馆，立足青草遍地的法学院校园，感受身边参天之树直冲云霄，郁郁葱葱，心里充满感恩和幸福。虽然是一个人不远万里来到美国，来到这个从前只在照片上见过的历史悠久的哥特式建筑、厚重的城墙围绕起来的"四合院"法学院，但倾听一块块石材诉说历史的沧桑，一种浓郁的情愫涌上心头。我期许即将到来的生活，却又对未知的时光有淡淡的惶惑，而与外在世界的繁芜嘈杂相比，这里的书声琅琅将喧嚣的洪流隔绝在外，宁谧的午后，空气里满是绿意盎然，让我产生更强烈的学习愿望。

无论如何，新生活就要在这里开始了。新的朋友、新的故事也将在这里闪亮登场。虽然不是最终的归宿，却是在最美年华最好的驿站。这里当然不是人生的终点，却是最好的青春起点。补给养分，广纳贤识，思考交流，结识朋友，我给自己暗暗下了决心，一定要珍惜这段学习时光，在学术的圣殿里多学多问，多听多看，多思多悟，提升自己，同时体验不同于以往中国大陆环境的异域格调与文化。

一阵风吹过，淡雅的青草香扑面而来，树影婆娑，风中已透着丝丝凉意。不太聒噪的氛围，悄然无声的大院落，恢宏而气宇轩昂的大楼，当然，还会遇见如山如海的渊博儒雅的大师。这些都值得用心品味，好好体悟。

就这样，在一个清雅的夏末秋初的午后，我与密歇根法学院第一次邂逅了。抱着一摞资料，心中充满感恩与丰实，我步伐矫健地踏下图书馆的数层石阶，兴冲冲走出四合院的石头门廊。

贰 新生欢迎周

新生欢迎周在晴空万里的秋初开始了。

虽然早在国内的时候就知道了几个中国同学的名字，也通过网络邮件和 QQ 联系，但不曾谋面。直到大家都陆续抵达美国，才在这个明媚的早晨相逢。

那天的白云棉花糖般堆积着，阳光洒在校园里的白色帐篷上，青草芬芳，绿意正浓。卡其色的建筑砖墙一块块堆砌，散发着热烈欢迎的气息，仿佛张开温暖的怀抱，拥抱我们这些来自全球各地的学子。

新生周，露天餐会。两个中国女孩从远处走来，跟我打招呼。交谈才知道，一个是留学日本多年的 Amanda，一个是名企法务 Flora。她们商量着住宿和就餐的事，我把自己的心得与之分享，三个人相谈甚欢。

手中拿着一杯饮料，我坐下来静静体验这明媚的时刻。心情也如天空般晴朗，特别是看到这么多外国的同学彬彬有礼，举止得体，有种非常浓郁的融入感。中国台湾的同学 Sarah 姐姐曾经在她的博客里写道，留学生不属于留学的国家，也因为离开了自己的国度而与过去失去了联系。他们只是一个旁观者，且永远是一个过客。

身处如此热烈的氛围，我却没有太多看客的感觉。其实是否属于这里并不重要，留学本身就是体验和经历，匆匆来过，沉入这段时光，满载着对知识和文化的感受离开。这短暂的九个多月时光若是认真度过，也一定充实而丰硕。

正想着，几个老师走上帐篷一侧搭起的主席台。院长 Evan

Caminker 靠近话筒，开始致辞。

"Welcome everybody."（欢迎各位。）他的声音洪亮而浑厚。介绍里，他谈起法学院领导对同学们的热烈欢迎，希望大家其乐融融，努力学习，共同成长。

"Wherever you go, this law school will always back you up."（无论你们身处何方，这所法学院永远是你们的坚强后盾。）

午饭时分，大家在帐篷下挑选自助餐。香煎烤肠、双面全熟牛排、沙拉、冰淇淋、水果……每个人的盘子里都是满满的食物。坐下来继续聊，说自己的过去，说学校的设施，说将来的打算。

阳光有些耀眼，树木在明晃晃的阳光的照耀下，绿色格外凸显。斑驳的光线透过树叶洒下来，小松鼠活蹦乱跳地游走在树影间，有几只甚至站在路边，一点都不畏惧路过的人们。

法学院的教授们也有几个跟大家见面。虽然并不熟悉，但凡事都有开头，交流多了，自然也就了解了。

有的学生带了相机，与身边的同学、教授合影留念。熙熙攘攘，络绎不绝，更换一个又一个交谈圈子。

美国大学仿佛热衷于派对和几个人围成一圈交流的方式。从新生周第一天这轻松活跃的气氛就可以感受到。到美国学习过的朋友大概都能感受到，这里的交际文化很浓，却又是建立在平等基础上的对话。

朋友曾经去英国访学，说那里的人际交往充满了等级观念，吃饭的时候成绩好的学生坐上座，离老师近，位序感特别强。而美国这种大农村般的文化里，特别是中西部地区，人和人之间的关系格外淳朴。

哈佛大学法学院流传着一个 3S 法则，即 Score, Social, Sleep

（分数，社交，睡眠）。说学生只能从三个中选择两个。若是要分数和社交，就要放弃睡眠；若是要社交和睡眠，就放弃对高分的追求；若是要分数和睡眠，就减少社交的时间。因为时间有限，每个人每天都只有 24 小时，难以兼顾所有。

交朋友也需要时间。但是在我看来，也许分数，社交和睡眠可以兼顾。每样都适度是最好。该推掉的社交就拒绝，但不能完全放弃，可以去一部分场合。分数自然也无法追求到极致，毕竟是外国人，适应全英文的环境已不容易，要跟读 JD（职业法律文凭）的同学一起上课、一起竞争高分，从 60 分升到 80 分还容易些，从 80 分升到 90 分却要付出加倍的努力。这对精力和体力有非常高的要求。若不打算留在美国，找外所的工作，其实对分数不必过于苛求，健康和睡眠也很重要。

就这样，在一个洋溢着开放与热情的云朵堆积的蓝天下，密歇根的新生活拉开了帷幕。在期待和憧憬里徜徉，我享受这惬意的时光，期待更多色泽明丽的动人故事。

这一切都不再遥远。

每个同学都带着夺目的光环

Virginia Gordon 是法学院副院长，分管国际交流事务。

开学第二天，是她来给我们介绍情况，宣讲开学要注意的事项。

让每个同学自我介绍，才发现 LLM 班级的同学们各有千秋，且各怀绝技。有韩国的法官，日本的律师，瑞士的学者，卡塔尔的教师，也有加纳的人权法专家，巴西的国际法研究者，还有意大利、荷兰、巴基斯坦、澳大利亚、智利的同学们。当然，还有七个中国人。

这些同学有的研究公司法，有的聚焦国际法，有的锁定在劳动法或税法等精细领域。多样化是 LLM 班级的特色，而为了保持这个小班化的精致和精英程度，学校招生的规模也格外小，精挑细选，每一届 LLM 班级只有 40 人左右。大多数申请者并非不优秀，而是在控制小班化的原则下被平衡或暂缓录取。

录取委员会反复考量测评，让每个来到这个教室的人都充满了故事，各自带着夺目的光环。坐在这间教室里，我也倍感荣幸。

介绍自己时，我说自己感兴趣的是公司法和证券法，并且对金融监管感兴趣。听过大家的说法，发现原来喜欢公司法的还是占了一半左右，公法和其他法占一半左右。

看名单，再对照着站起来做自我介绍的同学，逐一认识和对应，努力记下。

阶梯教室里，40 多个人坐在前几排，桌子呈大而长的半圆弧形，教室里洋溢着博雅的气息。我在第三排的中间，倾听的同时，观察和领略这满堂的正能量。

副院长 Virginia Gordon 是一名优雅的女子。她穿着一件白色修身西装，精细的裁剪和精美的布料衬托着她稍有皱纹却熠熠有神采的面颊，让人赞叹她知性精干的气质。从她的形象判断，大概有 50 多岁了，却不带苍老的神态，年龄在她身上只有积淀带来的更美好地呈现。

她告诉我们，不要选太难的课，这一年的学习时间看似漫长，实则特别短暂，一晃眼就会过去。来到这边，不要让自己负担太重，因为都是国外的同学，对美国不曾有深度了解，学习知识是一方面，更多的是要融入美国校园环境，多跟同学们交流，结识各国的朋友。

"Experience is more important（经历更重要）",所以选课的时候,多看看课程介绍,合理搭配。学院给大家配备了选课指导教师,以便让大家的选择更科学。而这些指导老师的研究领域与每个人的研究方向相匹配,能给同学们做量体裁衣的个性化指导。

另外,Virginia副院长重申了LLM班级的特色,以及密大的校园文化。精英化,却不精致利己,而是充满公益精神。这是身为"公立常春藤"领头羊的密歇根大学的传统和传承。

这一天的介绍里,还有SJD（法学博士）的学生介绍研究学习体会,以及如何从LLM转JD和如何进一步申请SJD,给有需要的同学提供有益参考。

法学院社团和Michigan Law Review（《密歇根法律评论》）的主编也登上讲台,给我们介绍学生活动的情况,以及如何撰写学术论文和给期刊投稿。

密歇根大学法学院,雄伟庄严的哥特式建筑

紧锣密鼓的一天，在快节奏的介绍和丰富的知识洗礼中进行。除了领略到副院长作为一个女领导的练达，更认识了多元程度颇高的小班集体。而对选课、社团和发文章，以及如何融入校园文化，如何发扬公益精神，也有了更直观全面的认识。

合上笔记本，我和几个中国留学生一起走出教室，相约在 Michigan Union 楼下的中餐馆吃饭。中餐馆的楼上是文具超市，我准备了一个清单，打算到超市去买笔记本、文件夹和参考书。根据《密歇根法律评论》主编的介绍，引文规范要参照 Blue Book（蓝皮书），更多详细内容要随着课程的开展再深入学习。

从书架上拿到精致的 Blue Book，在活页文件夹里装好三孔笔记本的稿纸，在淡黄色的页面上列出需要处理的事项。

我的选课导师是 JJ White。我看好时间，又买了一份日历，高度自律地排好日程。

在法学院附近的几条街区上分布着三家书店，这些书店同时销售学校的纪念品，如文化衫、杯子、卡通熊和冰箱贴、钥匙扣、明信片等。

我和 Amanda 一起，在 Union 吃过晚餐后结伴到了 Ulrich 书店，挑选几张明信片。她在前台即写好了几张，买好邮票，准备邮寄给日本的导师和同学。路上聊天得知，她在日本留学九年，读了高中、大学和研究生，也是这届密大法学院 LLM 唯一的全奖获得者。她本来可以去哈佛或其他好学校，但因为奖学金，选择了密歇根大学。

我知道，不仅是 Amanda，其实每一个走进这所法学院的同学，身后都是一串足迹。这些足迹也许是大漠洪荒里的跋涉，也许是通幽曲径里的漫步，也许是海岸线一侧的伫立，也许是丰饶沃土中的耕耘。没有一个来到这里的人不曾辉煌,正如每一个努力的灵魂都值得被敬佩和尊重。

尊荣感,获得感,幸福感。在这所法学院的学习生活大幕即将被展开,而相互借鉴、良性竞争与合作共赢,将伴随我们这批同学,从岁末到年初,到下一年的灿烂毕业季。

为了共同的目标,携手并肩。再多丰饶的过往都成为行囊里的充沛给养。而我们迈着更加勇毅的步伐,踏上新征程。

肆 学术泰斗的选课咨询

走进 JJ White 的办公室,是一个飘着咖啡香气的午后。

阳光静静洒在办公楼的通道,我循着地图,找到教师所在的办公楼 Hutchins Hall,乘坐一架摇摇晃晃的老旧电梯,来到导师分配单上指引的办公室。

走进房间,老教授正在看报纸。厚厚的眼镜,笔挺的衬衫,熨帖的黑色西装。短寸头,花白的头发,八十多年的沧桑在皱纹里若隐若现,掩藏不住的锋芒与才华在干练的举止和敏捷的言谈中展现得淋漓尽致。

看到我来,他点点头,示意我坐下。

"You are on time. How are you?"(你好呀,很准时。)

"I'm good. Thank you Prof. White."(我还好,谢谢您,White 教授。)

交谈中,我们谈到中国的公司法,私募股权投资,退出方式几种不同的基金架构。还有商法和公司法的进展,最新的研究领域、方向、焦点、问题……

身边是高耸的书架，多半是厚达几厘米的巨著。一个人一辈子写几本巨著已是奇迹，而这位精神矍铄的老头是著作等身。

谈起交易安全，他起身来到电脑边，打开银行网站，输入电子账户的用户名和密码。

"看，要登录这个系统，得进行多重验证，如这个小钟表。"

屏幕上显示出一个时钟，他输入了一重秘钥样的字符。

随后屏幕上出现新的窗口和空格，他又输入一串验证码。

"这样，银行的交易就有双重保障。而你可以看 UCC《美国统一商法典》第二章来研究。"

"这本书您这边有吗？"

"当然。这本书是我和另一个教授，名叫 Summer 的，一起写的。"

转身，他走到书架边，找到这本三厘米左右厚度的绿色硬皮书。

我接过来，书名醒目："Uniform Commercial Code"。

"你要是想研究金融法和交易安全的问题，就选我的'Secured Transactions'（《担保交易》）。"

另外，他告诉我要选"Enterprise Organizations"（《企业组织法》）。不要选"M&A"（"Mergers and Acquisitions"，《收购与兼并》），因为这个课讲的内容比较窄，也不是很系统。当然，这个课程也很抢手，对很多打算做非诉律师的同学来说，并购课很实惠，拿来就能用。

但作为学术水平一流的老教授，他更希望我掌握公司法的原理，商业的本质，交易的过程和相关法律的立法精神与理由。

抬头看看时钟，已过去快一个小时。知识量和信息量极大的交谈让我的头脑一直在燃烧。语速快，也跟得上教授的快节奏沟通。他对我颇为满意，对我表达的略微忐忑进行鼓励。

"你可以的，我能看出来。没问题，好好学，有问题来找我。"

握握手，满载信心与喜悦，我与教授作别。

走出办公室，回头望，房门旁边有个展板，上边贴着日程表和几张生活照。惬意却不失严谨，幽默而底蕴深厚。教授的风格有些犀利，却不会咄咄逼人。宏阔的气场，浩荡的气魄，令人深深折服。

事实上，这位教授的威名与光环，我在后来的学习中有了更多了解。入学之初，有这样的名师指点一二，我觉得自己颇为幸运，也深感肩上责任重大。

毕竟，来到这所法学院的同学们，都代表着国家形象。教学相长，教授在讲课的同时也与同学建立友谊，他们对国际学生的水平在心中都有衡量，其印象、评价和感想，针对的不仅是一个学生的表现，更会影响对这个学生所在国家的教育水准和学术功底的认识。作为中国学生，我要更加努力，为自己赢得荣誉，更应该为祖国赢得认同。

与 JJ White 教授的交流，让我第一次接触到这所法学院的顶级学者。其实他也是全美国商法界的泰斗。没有几个人在越南战争中开过战斗机，参加过多部重要法典的立法，又在一所著名法学院作为资深教授研修一生。他的人生经历颇为坎坷，也充满故事。而他的学术造诣更是非凡。仅是合著 UCC 这一项功绩，就足以载入史册。

曾经如雷贯耳的名人出现在眼前，在身边，在面对面的互动中。一句话,一个鼓励的眼神,一个在电脑桌前的操作示范,都让我难忘。与他的交集让我至今满怀感恩,心生自豪。

时间过去了很久很久,我依然清晰地记得那个暖洋洋的午后,在密歇根大学法学院这所蜚声中外的顶级学术殿堂,城堡般古老的教学楼小屋里,踏着咯吱作响的木地板,与 JJ White 这位法学大家的私密、短暂却精辟的对话。

法学院教室

伍 第一节是公益课

去折纸鹤那天,我起先并不知道具体的内容。直到来到心理咨询中心的教室,听那边的工作人员详细介绍情况,才知道原来我们到了一个公益组织机构,这里专门给有心理疾病的居民进行辅导、纾解情绪、打开心结、减轻他们的压力。特别的服务对象是小孩子和老人。这两个群体有对心理服务的高需求,而我们所做的点滴也许可以帮上他们。

具体的劳动项目是折纸鹤。每个人得到分发的纸鹤折叠说明单页。上边画着折叠步骤，一个个环节，按照指引操作即可。老师坐在讲台上，教室里的桌子呈环形摆放，便于大家面对面交流。

开始折叠，一张张彩色纸，在我们的手底下快速地变成了一只只玲珑的小纸鹤。而折叠了一部分之后，就有人过来用大口袋收走，再分发一部分彩色纸张给每个人。

时间一分一秒过去，起初的新鲜劲儿逐渐淡去，越来越觉得烦琐。事实上，这个过程就是美国大学生的必修课——公益劳动。

特别是在密歇根大学，在法学院。我们被分成几组，自己所在的这组做的是心理辅导中心的纸鹤制作，而其他几组，有的去分拣水果，把橘子里腐烂的挑出来，还有的去植树。

劳碌却充盈着快乐的一天转瞬即逝。不仅在于我们从事了与校园生活很不一样的服务劳动，与学习毫无关系；更重要的是这次的活动让人接触到美国当地的社区服务环境。才发现，原来美国的公益组织、公益精神如此盛行。而这一点在来到美国之前，我的认识颇为模糊。

曾经以为法学院的学习只是知识的灌输和理念的碰撞，或者有与老师和同学的精彩互动，却不知道原来公益劳动也属于课程的一部分。更意味深长的是，这是大家来到法学院的第一课。

当然，公益活动也让我们有认识新朋友的机会。因为除了LLM学生，JD学生也在，都是一年级的学生，大家同样作为刚入学的新生来参加活动。这活动不局限在法学院小群体，而是融入了美国当地社会。

结束一天的活动，和一个JD交流，她告诉我，自己本科在哈佛大学，学的是经济学。我很好奇地问她，为何不选择哈佛大学法学院，而来到密歇根大学？她说因为密歇根大学是一所国家级的大学，是公立大学的第一名，是美国人心中伟大而卓越的学校。当然哈佛也厉害，但她觉得，哈佛在波士顿地区，是一个区域性的学校。这改变了我的认知。

对密歇根大学的情感和认同，是随着与同学和老师的交往逐渐加深的。起初我只认为这是吴经熊拿到博士学位的学校，为民国和后来的法学界培养了大批人才，更有许多中国校友，对中国人很友好。后来随着了解的深入，才知道原来密歇根大学在美国当地人心中也是一座圣殿，是非常了不起的学校。"It's a great university."曾经遇到的美国人这样告诉我。

也有人说，密歇根大学被简称为 UMich 是不对的，大家更喜欢称其为 Michigan。"It's Michigan！"说这话的老人用激动而热切的语气说。作为密歇根当地的老人，这话语洋溢着浓烈的情感和自豪。他的潜台词，是"It's our Michigan（这是我们的密歇根！）"

如今，"密歇根"有一种中文译法是"密西根"，这也是有渊源的。曾经密歇根是它的通用简称，而在 2016 年，著名书法家、中国书法院院长管峻应美国密歇根州州政府的热情邀请，在洁白的宣纸上写下"密西根"三个字，"密西根"从此"正名"。

其实，这个更名的过程颇有故事。密歇根州是美国最早与中国正式建立官方联系的州之一，每年密歇根的州长都会来到中国，加强友好交流。而在国际交往中，大家对 Michigan 的称呼总是不统一的，人们习惯用"密歇根"，也有人叫"密执安"，还有人翻译成"密西根"。一篇文章专门讲述了对翻译为"密西根"这个名称的由来。因为这三个汉字简约通俗,人们都认识。而且"西"这个字隐含着学校处于美国中西部,结合了发音、用字、含义三方面的优势。曾经还有场辩论会专门针对这个名称的翻译,中国人民大学、中国政法大学和北京师范大学的学生组成了三支辩论队。最后由五位校友进行评判,中国人民大学辩论队胜出,名字也最终被定为"密西根"。

这虽然让很多毕业的校友感到不合适,因为教育部留学认证的证书上用的是"密歇根",而以往常用的惯称也让人一时间难以适应新名字。但无论如何,这个称呼得到州政府和密大中国校友会的认同,应该会逐渐从官方角度确定下来。

基于这个原因,如今,"密西根"成为校友们对学校共同的称谓。名字蕴含着身份认同和归属感。洋洋洒洒的公益精神也如同阳光,沐浴着每一个密大学子。因为是公立顶尖大学,又以公益精神作为校园文化,每个来到这里的学生,都受到一番洗礼,带着浓厚的利他精神走向未来。

特别提示:入学前的准备工作

1. 机票订购。签证办理好后,提前预订机票。不少代理商提供机票代购服务,可以在论坛上找这样的公司,通常能获得较多折扣。

2. 接机事宜。美国大学一般都有中国校友会,行程确定后,尽早与目标学校的中国校友会联系,安排接机事宜。如果学校离机场不远,也可以乘坐机场大巴或出租车,建议提前与当地校友联系，取得机场大巴时刻表，并在网上搜索地图，了解当地交通情况。

3. 租房安排。在国内时，要提前安排租房事宜，以免到了临近开学的旺季订不到位置好的房子。很多没有提早安排的同学就只能住在离学校较远的地方。有条件的情况下建议入住公寓，有统一管理。如果租校园附近的房子，要充分了解房东和室友的信息，若能与朋友合租，则更舒适。找房子时要多做功课，比较后再选择。

4. 购买保险。美国重视保险，通常租房时都要提供已经购买保险的证明，而且入校时一般要求提供保险证明。提供保险的公司较多，在网上搜索即可获知。也可以提前咨询校方秘书，了解保险办理事宜。

5. 整理行装。大多数生活必需品能在美国买到，但有两件建议从中国携带，一是电源转换器，即一面是三插头一面是两插头的，在国内可以买到，以保证国内带到美国的电器都能正常使用。二是常穿的衣物。美国的大型商场通常在郊外，要驱车才能前往，且很多都是奥特莱斯（Outlets）打折商场，衣物的款式和风格都是欧美风格，不一定适合中国人。

6. 其他物品。如果喜欢喝茶，建议从中国携带。如果喜欢做饭，可以带一些不常见的调料，如十三香等。虽然美国目前有超市可以供应这些，但不能保证您所在的地区恰好有这样的超市。

第二章
融入法学院生活

壹 像超市购物般选课

真正开始选课,我才感到选择的困难。

因为好课程太多了!

密大的课程体系,分为基础课(First Year Required)、高级课(Upper Class)、研讨课(Seminar, Mini-Seminar)、实践模拟(Practice Simulation)、诊所教育(Clinic)、海外实习(Externship, Study Abroad)和专项研究(Research)。

丰富的课程让人眼花缭乱。除了传统的JD必修的课程,如宪法、合同法、财产法、刑法、民事诉讼法等,专业课程如公司法、证券法、环境法、反垄断法、劳动法、房地产法、国际法、人权法等,还有欧盟法、印度法、日本法、伊斯兰法、中国公司法、投资银行、创业退出等,更有五花八门的课程,如"Blood Feuds"(《血亲复仇》)、"How to Save the Planet"(《怎样拯救地球》)、"Law and Economics"(《法律与经济学》)、"Persuasion"(《说服》)、"Faking it"(《识谎》),还有"Cognitive Science and Legal Reasoning"(《认知科学与法律推理》)、"Thinking Analytically"(《分析思考》)等。研讨课有几门非常受欢迎,如Don Regan老师的"Good Life/Government"(《美好生活/政府》)、John Niehuss的"International Project Finance"(《国际项目融资》)。此外,还有迷你研讨课(Mini-Seminar)非常抢手,大家蜂拥而上,上百人只能有十几个人选上。我有幸选中一门,叫作"Law and governance in speculative visions of future societies"（《未来社会推理愿景中的法律与治理》）。

洋溢的热情不能替代理性思考。特别是精力有限，学分虽然没有上限却对应学费，且 24 分即可毕业。要想把喜欢的课都选修或旁听是不现实的，必须有所取舍。而既然决定要研修商法、公司法和证券法，就要必修"Enterprise Organization"（《企业组织法》）以及第二学期的"Securities Regulation"（《证券法》）。

选课咨询中，JJ White 不推荐我选 M&A（并购），但我还是跟着大家一起选择了这门实用的课。

同时，作为 LLM，我们必修两门课，一是宪法，二是美国法律体系和研究方法。除了上述的必修课和专业课，我给自己搭配了交易写作、认知科学与法律推理、影响力投资的律师实务、国际商事交易，以及一个圆桌研讨课——美好生活/政府。

这些课程各有特色。老师的风格也大为不同。跟这些老师的交流让我获益匪浅，不仅有人生的指点，专业的指导，作业的指正，更通过邮件至今保持密切联系，成为一生的良师益友。

选课在我看来有点像超市购物。有限的时间和学分要求，如同拿着固定的购物券，有金额上限，要选择最合适的方案，合理搭配。既不能让自己太劳累，还得腾出时间体验美国文化，交朋友，又不能学无所获，而要充分利用这宝贵的学习机会。

最终的搭配，如今看来，是合理而科学的。第一学期的宪法入门课，我们学的是 2 分的课程，与 JD 学的 4 分大课不同，使用的教材不同，学习的难度不同。而宪法课的 Regan 教授讲得颇为生动有趣，可以说是密大里宪法老师中最厉害的，却独独安排给我们 LLM 班级授课。这是一种幸运。

美国法律体系和研究方法是一门写作课，在其他学校或者被称作法律写作。实际上对 LLM 来说，这门课并不轻松，因为我们在这个课程中学习了法律检索方法，美国不同的法律渊源，如何利用数据库进行法律法规和案例判决的查找，如何写便笺（memo），并根据法官的判决总结梳理争议焦点（issue），阅读事实和理由，根据判决主文写出自己的分析。这门课的作业阶段，我们每个人都写出了一份备忘录，而老师则非常认真仔细地给每个人圈圈画画，约了每个人去办公室一对一交谈，指出我们的问题，并要求我们针对这些问题修改后，再提交审阅。

这个过程有点痛苦，却十分锻炼人。另一门课交易写作也是如此。

在交易写作课程中，我们学习的是如何将商业语言转化成法律文本，以合同的方式呈现出来。了解律所非诉讼业务的人应该了解，非诉律师又被称为交易律师，就是帮助客户起草、修改合同，将商业话语和谈判要点转化到法律文本中。在这门课里，我们练习写作如航空器的买卖合同，汽车的买卖合同，还有劳动争议处理的律师意见书等。老师也是给同学们一对一修改，并且认认真真约学生面谈，每个人至少谈 20 分钟，一学期至少有两次以上的单独辅导。

这个写作锻炼过程让人快速成长。我至今记得，曾经在法学院地下一层的走廊里，有一个桌子专门用来收集大家的作业，我们把作业用信封装好，放进文件筐里。过一段时间，又会有反馈批改，也在信封里，静静地等着我们取回。

一来一回，面对面地深入辅导，这一切的历练，都让我的文字表达和法律语言运用能力有较为显著的提升。直到今天，与外国人交流的时候，无论是口头还是邮件，缜密和流利都成为习惯。而这得益于那段密集的写作训练。

选课的时候，既兼顾兴趣爱好、专业特长，也适度拓宽视野，给自己一点新鲜的对未知领域的尝试，或许是最好的选择。

贰 宪法课的全新体验

2011 年 9 月 13 日，上午 9 点。天气晴朗，天空湛蓝。

法学院绿树葱茏，空气中满是初秋的气息，微凉。

我穿着深蓝色的长袖衬衣，紧身牛仔裤，心中像打翻了橙汁般甜美而清凉。

第一节是宪法课。

走进教室，同学们已经三三两两入座了。虽然在迎新见面会和选课指导课上见过面，但同时坐在同一间教室正式开始学习，对我们这些来自不同国家，不同种族，有着不同文化背景的同学来说，还是第一次。有的同学在热情地打招呼，彼此介绍自己；有的早已熟识，私下里窃窃耳语；有的埋头读书，认真地用荧光笔画着重点字句。

我挑选了一个靠近窗子的位置坐下，与身边的克罗地亚同学 Mirna 交谈起来。Mirna 有一双明亮的大眼睛，睫毛浓密，褐色有些发红的卷发，苹果脸形，脸颊绯红。谈及今天要上的宪法课，她兴奋地说："我在克罗地亚的法学老师，当年也是密歇根的 LLM，被问及申请建议的时候，他否定了哈佛、耶鲁这些学校，说你该去密歇根。我说'why？'（为什么），老师说，'Because of Don Regan！'（因为唐·里根！）"

"Don Regan！" Mirna 面红耳赤地模仿着老师的腔调，样子很可爱，鼻子和眼睛快挤在了一起，眼睛瞪得很圆很大。

"Don Regan，就是我们的宪法课老师吧。"Amanda 抱着厚厚的教材和 Macbook Air 笔记本电脑坐到我的旁边，加入我们的讨论。

"是啊！听说 Regan 老师在密歇根有三十多年的教龄呢！"Mirna 说，"他是少数的坚守岗位一直没换学校的老师。教环境法的 Joe Sax 如今去了伯克利，其他的商法老师也是来来往往，唯有 Regan 老师和 Jame J. White. 一直没走，守卫着'霍格沃兹'的疆土，捍卫法学院固若金汤的城池！"Mirna 越说越激动，手舞足蹈起来。看得出，她对 Regan 老师仰慕已久。

早在去年，我就与 Regan 老师相识，但许久不见，印象已经有些模糊。想着即将到来的课程，心里些许激动和兴奋。我期盼着再次见到 Regan 老师。

上课的时间到了。在同学们殷切期待的目光里，Regan 老师步履矫健地推门而入。他老样子，虽然已是满头白发，但依旧神采奕奕，可谓是鹤发童颜。高挺的鼻梁，深陷的眼窝，蓝色的眼睛，颧骨有些高，面颊朗毅。我猜想如果时间倒退三十年，以他的英俊潇洒，定会让许多姑娘心驰神往。当然，我相信即使是现在，他也很让人尊敬和崇拜。

他转过身，拿起粉笔，在黑板上苍劲有力地书写了一行字：

Marbury V. Madison。（马伯里诉麦迪逊。）

是的，真正的大师开堂并不需要自我介绍，因为来这里的人，早在心里替他为自己，介绍了 N 遍。

第二章 融入法学院生活

"今天我们要讲的是马伯里诉麦迪逊案。"Regan 老师的嗓音浑厚而富有磁性。

"马伯里诉麦迪逊案发生于 1803 年,正处于联邦党与共和党激烈争权的年代。1800 年 7 月,联邦党众议员约翰·马歇尔(John Marshall)在其任期届满后出任亚当斯总统的国务卿,以协助亚当斯竞选连任。在 1801 年的总统大选中,共和党候选人杰弗逊当选总统。联邦党惨败,同时失去总统宝座和国会控制权,他们将希望寄托在司法部门以挽败局。1801 年 1 月 20 日,即将离任的亚当斯总统任命马歇尔出任联邦最高法院首席大法官。1801 年 1 月 27 日,经参议院同意后,马歇尔于 1801 年 2 月 4 日正式到职赴任。但是马歇尔并未辞去国务卿职务,只是任职不领薪,直到 1801 年 3 月 3 日亚当斯总统任期届满。"Regan 老师娴熟地讲述这段历史,语调时而高亢,时而低沉。

"联邦党人趁着总统及国会任期终了前做出一连串的政治安排,以图共和党主政后得以退守法院以保存联邦党的实力。其中一项就是,1801 年 3 月 2 日,亚当斯任命了华盛顿郡 23 名以及亚历山大郡 19 名治安法官。这些法官在 1801 年 3 月 3 日午夜以前经参议院同意、总统签署、马歇尔国务卿盖印后生效,他们即所谓的'子夜治安法官'(midnight justias of peace)。这些法官中,有些人的任命状在 1801 年 3 月 3 日晚上已由马歇尔的兄弟詹姆士送达,而另外一些人的任命状仓促之间未及发出。"讲到此,他稍事休息。同学们正襟危坐,出神地听着。

"1801 年 3 月 4 日,对联邦党人这些做法积怨已久的新上任总统杰弗逊得知有 17 份治安法官的任命状来不及送达,便立即指令国务卿麦迪逊拒绝发送任命状,并将这些任命状'如同办公室的废纸、垃圾一样处理了'。"讲到此，Regan 老师顿了顿，接着说，"与此同时，共和党人控制的新国会也立即引入法案并于 1802 年 3 月 8 日成功地废除了《巡回法院法案》，但没有撤销有关治安法官的《哥伦比亚特区组织法》。为了防止马歇尔控制下的联邦最高法院对国会上述行为的挑战，新国会还进一步以法令形式迫使最高法院从 1801 年 12 月至 1803 年 2 月关闭了长达 14 个月之久。直到 1803 年最高法院才再次开庭行使权力。"讲到这里，Regan 老师拿起水杯，喝了一口。我环视四周，同学们有的在奋笔疾书，有的飞速地敲击着电脑键盘，还有的在认真思考……

宪法故事总是引人入胜，因为那段历史是美国人独立的开始。

"麦迪逊拒发任命状，引起了未接到任命状但已获任命者的不满。被任命为华盛顿郡的治安法官马伯里便是其中一个，他与另外三个同样情形的新法官以 1789 年的司法条例（Judiciary Act of 1789）第 13 条的规定（即联邦最高法院有权对合众国公职人员发布职务执行令状）为依据向最高法院提起诉讼，要求最高法院判决新总统杰弗逊及国务卿麦迪逊交出任命状。马歇尔大法官正是在这样的背景下，接到了这个烫手山芋。"Regan 老师讲到"烫手山芋"几个字的时候，用手比画了一下，神情激昂。

"接到控方律师的起诉状和辩方律师寄来的书面争辩后，马歇尔大法官以最高法院的名义致函国务卿麦迪逊，要求他解释扣押委任状的原因。谁料想，麦迪逊对马歇尔的信函根本就不予理睬。在当时的法律和历史环境下，联邦最高法院是一个缺乏权威的司法机构。制宪先贤汉密尔顿（Alexander Hamilton）曾评论说：'司法部门既无军权，又无财权，不能支配社会力量与财富，不能采取任何主动行动',是'分立的三权中最弱的一个'。

"1789年生效的美国宪法虽然规定了行政、立法、司法三权分立和制衡的格局,但这部宪法以及后来增添的宪法修正案,对于宪法最终解释权的归属问题从未做出任何明确规定。这部宪法没有赋予最高法院向最高行政当局和国家立法机构指手画脚、发号施令的特权,更别提强令总统、国务卿以及国会服从最高法院的判决了。"Regan老师有些遗憾。

"从宪政理论角度看,按照欧洲思想家洛克、孟德斯鸠、卢梭关于限权政府、分权制衡、主权在民的宪法和制度设计原则,行政权、立法权和司法权的职能和权限应当严格区分,相互独立,彼此之间'井水不犯河水'。"讲到三权分立这一美国宪法的基石,Regan老师停顿了一下,挺直了腰板,透出一种美国人的自信。

"另外,在分立的三权之中,如果一定要判定哪一权处于更优越的地位,那显然应是拥有民意基础的立法权,无论如何也轮不到非民选的司法部门占据至高无上、一锤定音的权威地位。马伯里诉麦迪逊一案实际上使马歇尔大法官陷入了一种左右为难、必输无疑的困境。他当然可以正式签发一项执行令,命令麦迪逊按照法律程序发出委任状。但麦迪逊有总统兼美军总司令杰弗逊撑腰,他完全可能对最高法院下达的执行令置若罔闻。既无钱又无剑的最高法院若向麦迪逊国务卿强行发号施令却又被置之不理,只会让世人笑掉大牙,进一步削弱最高法院的司法权威。可是,如果马歇尔拒绝马伯里合理的诉讼要求,那就等于主动认输,承认最高法院缺乏权威,无法挑战行政部门高官目无法纪的举动,不仅愧对同一阵营中的联邦党人战友,而且使最高法院颜面扫地。"Regan老师冉白的头发跟随着他摇晃的头脑一颤一颤，流利的英语让我不得不把注意力集中到他一张一翕的嘴唇上。

"审，还是不审，成为一个令马歇尔极为头疼的大难题。经过半个多月的苦思冥想，他终于琢磨出了一个两全其美的绝妙判决。马歇尔的判决既表现出司法部门的独有权威，又避免与行政当局和国会迎头相撞、直接冲突，为确立司法审查（Judicial review）这个分权与制衡体制中的重要权力奠定了基石。

"1803年2月24日，最高法官以5比0的票数（William Cushing大法官因病未参加投票）对马伯里诉麦迪逊案做出裁决。首席大法官马歇尔主持宣布了法院判决书。马歇尔在判决中首先提出了三个问题：

第一，申诉人马伯里是否有权利得到他所要求的委任状？

第二，如果申诉人有这个权利，而且这一权利受到侵犯时，政府是否应该为他提供法律救济？

第三，如果政府应该为申诉人提供法律救济，是否该由最高法院来下达执行令，要求国务卿麦迪逊将委任状颁发给马伯里？"

Regan老师转过身，在黑板上飞速地书写了三行。

这时，有同学举手。

Regan老师用手比画了一下，说，"等我讲完再提问"。

"对于第一个问题，马歇尔指出：'本院认为，委任状一经总统签署，任命即为做出；一经国务卿加盖美利坚合众国国玺，委任状即为完成。既然马伯里先生的委任状已由总统签署，并且由国务卿加盖了国玺，那么，他就已经被任命了；因为创设该职位的法律赋予该官员任职5年，不受行政机关干预的权利，所以，这项任命是不可撤销的，而且赋予该官员各项法律上的权利，受到国家法律的保护'。马歇尔的结论是：'拒发他的委任状，在本法院看来不是法律所授权的行为，而是侵犯了所赋予的法律权利'。所以，马伯里案是一个法律问题，不是政治问题。"

Regan 老师又停下来，喝了一口水。

"对于第二个问题，马歇尔的回答也是肯定的。他论证说：'每一个人受到侵害时都有权要求法律的保护，政府的一个首要责任就是提供这种保护。美利坚合众国政府被宣称为法治政府，而非人治政府。如果它的法律对于侵犯所赋予的法律权利不提供救济，它当然就不值得这个高尚的称号。'马歇尔甚至进一步延伸说：'如果要除去我们国家法律制度的这个耻辱，就必须从本案的特殊性上做起。'

"那么，按照这个思路和逻辑继续推论下去的话，在回答第三个问题时马歇尔似乎理所当然地就该宣布应由最高法院向国务卿麦迪逊下达强制执行令，让马伯里官复原职、走马上任。可是，马歇尔在此突然一转，他引证宪法第3条第2款说：'涉及大使、其他使节和领事以及以州为一方当事人的一切案件，最高法院具有原始管辖权（original jurisdiction）。对上述以外的所有其他案件，最高法院具有上诉管辖权。'

"用通俗的语言来说，马歇尔的意思就是，马伯里诉麦迪逊案的当事人既非外国使节，也不是州政府的代表，所以最高法院对这类小民告官府的案子没有初审权，马伯里告状告错地方了。按照宪法规定的管辖权限，马伯里应当去联邦地方法院控告麦迪逊，如果此案最终从地方法院逐级上诉到最高法院，那时最高法院才有权开庭审理。"

讲完这段经典的分析，Regan 老师示意之前那位同学提问。

来自新西兰的 Zoe 留着齐刘海,忽闪着长长的睫毛,大声提问:"老师,请问马伯里的律师为什么一开始就把马伯里的起诉状直接递到了联邦最高法院呢?他依据的不正是国会 1789 年 9 月通过的《1789 年司法条例》第 13 条吗?"

"嗯,这是个好问题,"Regan 老师点点头,"这也是困扰马歇尔的问题,"Regan 老师继续解释说,"马歇尔是这样分析的,《1789 年司法条例》第 13 条是与宪法相互冲突的,因为它在规定最高法院有权向政府官员发出执行令时,实际上是扩大了宪法明文规定的最高法院司法管辖权限。如果最高法院执行《1789 年司法条例》第 13 条,那就等于公开承认国会可以任意扩大宪法明确授予最高法院的权力。马歇尔认为,此案的关键性问题在于'是由宪法控制任何与其不符的立法,还是立法机构可以通过一项寻常法律来改变宪法。在这两种选择之间没有中间道路。宪法或者是至高无上、不能被普通方式改变的法律,或者它与普通法律处于同一水准,可以当立法机构高兴时被改变。如果是前者,那么与宪法相互冲突的立法法案就不是法律;如果是后者,那么成文宪法就成为人们荒谬企图的利用工具,被用来限制一种本质上不可限制的权力。'言已至此,宪法的神圣性已呼之欲出。"

Regan 老师双手比画着,情绪激动起来,想来是提到了宪法神圣性的缘故。

"接着,马歇尔趁热打铁抛出了最后的撒手锏。他斩钉截铁地指出:'宪法构成国家的根本法和最高的法律''违反宪法的法律是无效的''断定什么是法律显然是司法部门的职权和责任'。如果法官不承担起维护宪法的责任,就违背了立法机构所规定的就职宣誓,'规定或从事这种宣誓也同样成为犯罪。'据此,马歇尔正式宣布:《1789 年司法条例》第 13 条因违宪而被取消。这是美国最高法院历史上第一次宣布联邦法律违宪。

"案件以马伯里的撤诉告终。从表面上看,联邦党人马伯里没当成法官,麦迪逊国务卿也没送出扣押的法官委任令,马歇尔似乎输了这个官司。但实际上,马歇尔是此案真正的大赢家。首先,马歇尔通过此案向国家立法机构国会宣布:不仅宪法高于一切法律,而且判定法律本身是否符合宪法这个至关重要的权力也与立法部门无关。换句话说,立法机构不得随意立法,只有最高法院才是一切与法律有关问题的最终仲裁者。"讲到最高院的权威,Regan 老师长舒了一口气。

"其次,马歇尔通过此案向国家最高行政部门宣布:宪法的最终解释权属于司法部门。因此,司法部门有权判定行政当局的行为和行政命令是否违宪,有权对行政当局的违宪行为和命令予以制裁。"讲到违宪审查,Regan 老师为这一伟大的创举而自豪。

"这样,虽然宪法规定任何法律都应由国会和总统决定和通过,但最高法院拥有解释法律的最终权力,有权判定法律是否违宪。而最高法院的裁决一经做出即成为终审裁决和宪法惯例,政府各部门和各州必须遵守。所以,最高法院不仅拥有了司法审查权,而且在某种意义上拥有了'最终立法权'。"

来自南非的黑人同学 Thomas 高高举起了手,得到允许后,他说:"教授,我看到过美国学者梅森(Alpheus T. Mason)的话,'与英国王权相比,美国最高法院不仅仅是权威的象征,而且手握实权,它能使国会、总统、州长以及立法者俯首就范'。"

"是的!"Regan 老师斩钉截铁地说,"评论得很好"。

在我看来，马伯里诉麦迪逊一案也许是美国历史上最重要的案件，对本案的审理给法院确立了一项权力：法院有权决定议会通过的法案或总统行为是否符合宪法，即司法审查原则。该案也成为法理学和宪法学上的经典案例。

叁 法学院的建筑和文化

课后，我在法学院踱步。

法学院是一个独立的四合院（William W. Cook Law Quadrangle，简称"Law Quad"），有着密歇根大学引以为傲的哥特式建筑，尖塔高耸、长方形拱门，利用尖肋拱顶、飞扶壁、修长的束柱，营造出轻盈的飞天感。

轻盈美观，高耸峭拔。整个建筑看上去线条简洁、外观宏伟，而内部又十分开阔明亮。

一扇扇尖形长窗，尽是光怪陆离的彩色玻璃；一个个宽大的大厅出口，都是精雕细刻的富丽门扉。

而所有这一切，圆拱、大柱、垣壁、窗框、护壁镶板、门扇、塑像，从上到下，满目湛蓝和金黄，色泽斑斓，光彩照人。我们今天看见时色泽已略显暗淡了。

这种风格在19世纪英国的大学建筑中十分流行，因为它既古朴又漂亮。四合院里绿树成荫，阳光透过树叶洋洋洒洒地铺散，小松鼠四处游走。大草坪延展到建筑物的脚下，一个深呼吸，绿草的芳香沁人心脾。

国外对老建筑的保留是原汁原味的。触摸古旧的墙砖壁瓦，仿佛触碰到上百年的悠久历史。正对四合院入口的大楼是图书馆（The Legal Research Building），图书馆西侧是教学楼（Hutchin's Hall），而东侧、北侧和两旁环形的楼，就是法律人俱乐部（The Lawyer's Club），包括可供 227 名学生居住的宿舍，一个可以容纳 300 人用餐的大餐厅和一个大休闲室。据说，这样的设计理念来自英国的律师学院，学生们既可在餐厅就餐时进行交流，也可在休闲室交友畅谈，还可以就近与法官、律师有直接的接触。法学院的学生们可以在日常生活中时刻意识到自己是法律职业这个共同体的一分子，在这样的气氛中熏陶自己，为将来真正从事法律实务工作奠定良好的心理基础。

法律人俱乐部的大餐厅外部庄重气派，里面华丽堂皇。它长达 42 米，并且高耸挺立，内部上方有槌形横梁，上有著名法律家的半身浮雕，两侧墙面是黑色嵌板，顶面是典型文艺复兴时期风格的壁板，还有 18 个哥特式巨型窗户，采光良好。

在这里，我们吃饭的时候要出示学生卡，如果是在法律人俱乐部居住的学生，只需打卡即可就餐；如果是外来人员，则需要刷 8 美元。

食堂供餐是自助的形式，餐品饮品种类繁多，有牛排、鸡排、大马哈鱼、泰国长米饭、汉堡、奶酪等，配餐有蔬菜和水果沙拉，还有各种甜酱、辣酱、番茄酱。

食堂的北面有冰激凌机，可以自制像国内 DQ 那样的巧克力饼干冰激凌，另有花生、巧克力、燕麦片等配料。饮料有雪碧、可乐、芬达、橙汁等，还有布朗尼、小饼干等餐后甜点。冰激凌机对面是餐后水果，有苹果、梨、草莓、香蕉、西瓜、哈密瓜、蓝莓等，周一到周五更换，每餐只能在食堂里吃，如果要带走，只能带一个苹果或梨。餐厅每周会更换食谱，为同学们提供不同的食物。

食堂

每个用餐的中午，都是大家交流学习心得的好机会，我们

LLM 的同学通常会坐在一桌，分享当天的所见所闻和上课的体会。我和几个中国同学常常坐在一起，聊中国的改革、经济、政治、法律等话题，每每聊到兴头，吃过餐后水果还希望再坐一会儿，多多进行沟通。

食堂外面是一个学生活动室，有时会举办下午茶宴，如 LLM 和 JD 同学的交流会，国际学生和老师的碰面会等。古朴的桌椅和古旧的油画使这间活动室具有欧洲早期的风格。活动室楼下是乒乓球馆，有两个乒乓球台，还有几个活动间。有时学校举办活动，中午会提供比萨，在活动室里办外国语言日的活动。赶上中文日，我和几个中国同学和访问学者会来这边共餐，交流心得。

法律人俱乐部于 1925 年 6 月举行落成典礼，这是引起美国法律教育界广为关注的事件，出席嘉宾哈佛大学法学院院长庞德教授（Roscoe Pound）、芝加哥大学法学院院长霍尔教授（James P. Hall）等都做了热情洋溢的演讲。庞德高度赞誉库克先生捐助修建 Law Quad 之义举，称此"将注定是美国法律教育史和美国法律史的转折点，并可能如同布莱克斯通在牛津就任教授、肯特在哥伦比亚演讲、斯托里就任哈佛教授一样富有成效"。

"Elena！"一声尖叫打断了我的思绪。

我环顾四周，发现是 Linda。棕色的头发，褐色的眼睛，嘴唇微微凸起，脸上有些雀斑。她背着硕大的单肩包，正往宿舍楼走。

看到我，她惊喜地叫起来。

Linda 是法学院 JD 二年级的学生，是我在法律人俱乐部的室友，底特律人，深得她父母的宠爱。我们入住后的第三天，她妈妈曾经往返底特律和安娜堡三趟，把她的行李运送过来。她还有一个姐姐，在迈阿密读医学。在美国，医学和法学都是受人尊敬的专业，也是难度最高的两个专业，犹记得 Linda 的妈妈谈到两个优秀的女儿时，脸上洋溢的骄傲与幸福。

我和 Linda 并肩向宿舍楼走去。宿舍楼建筑风格古朴而凝重，大门前有锁，每个宿舍间的门也有轻巧的小锁。每栋楼有三层高，一层上有 2~4 间宿舍。宿舍有双人套间和单人间，单人间的价格比双人间略贵。

双人间里有一个宽敞的客厅，里面摆放了两张木板写字桌，古旧的写字桌面上有一个转盘拨号的老式电话，长长的电话线垂落到地面，颇有些民国的风范。老式的听筒让人恍若置身历史长廊。

在客厅的南北两侧分别是两间卧室。卧室里的陈设很简单，一张床，一个床头橱，一个衣柜，一个储物的柜子。房间里有暖气，冬天暖意十足，以应对安娜堡多雪的寒冷。从二楼的窗子望出去，可以看到一棵高大的红枫树，初秋时节，风轻云淡，枫叶零星飘落，有种别样的味道。

走出法学院，穿过长长的林荫路，我们踱步到 U-towers 看望同学。学生活动中心的门开着，里面有三三两两的同学在自习。自习间里提供无线网络服务，也有一个个小格子间，以防彼此打扰。自习间门口是几排沙发，沙发对面有电视，可以观看足球赛、娱乐节目等。

向里走，有一架老式钢琴，可以供同学闲来弹奏。钢琴西边是健身房，一个大房间里有三架跑步机，两个综合训练器，还有一个乒乓球台。三三两两的同学在健身房里锻炼，散发着汗水的味道。

健身房的南侧是洗衣房，有一排自带烘干功能的洗衣机，只要把硬币投进去，自己放上衣服和洗衣粉，一小时后来取即可。洗衣机会自动运转，将衣服洗净，再烘干。一般洗一桶衣服的价格是 1.5 美金。

此外，楼下的总服务台还提供租借电器的服务，免费提供扫把、簸箕、拖把和吸尘器，同学在借用时需要跟楼下的服务人员确认身份并签字，将证件押在服务台，用完归还的时候再取回证件。收发邮件、快递等服务也是总服务台在处理。

走出公寓，我与 Linda 聊起来。

"在我看来，密歇根大学的文化是一种集体主义和个人主义的结合。前几天，一个本科就读于哥伦比亚大学的同学对我说，她惊讶于密歇根大学强大的校园文化，在纽约没有这么浓厚的校园文化传统，她在哥大看不到这么多印有学校徽章的纪念品，同学出了校门更不会每天穿带有校徽的帽衫，不会用带有学校标记的杯子、笔记本等，而这些在密歇根随处可见。"

Linda 说："嗯，也许是身处小城安娜堡的缘故，密歇根的校友凝聚力格外强大，不知不觉，血脉里就流淌了金蓝的血液，而在弥漫着金灿灿麦色和深海蓝的校园，每个个体都如水滴，汇成汪洋。这种血脉相通的感觉，只有身处其中的人才能真正理解吧。"我想了想，说道："是的，密歇根有这样的魔力，能让几万学生同时穿上黄蓝相间的校园文化衫，一起参与活动，共同欢腾，共同忧伤。"对此，我们达成共识。

校园合唱队在课堂内演出

大学使命是大学办学理念的根本内容。它既是大学办学理念的一种价值表达,也是大学开展一切活动的逻辑起点。大学的教学、科研、社会服务、制度建设等一系列问题,都是围绕这一核心价值展开的。

密歇根大学提出的大学使命是"创造、交流、保存和应用知识,并培养挑战当下和充实未来的领袖和市民",努力通过这两方面的卓越才能为密歇根州和世界人民服务。密歇根大学把"领袖与市民"共同作为大学的培养目标,既阐明了研究型大学的精英价值,也体现了研究型大学"顶天立地"的人才观。而培养的人应当"挑战当下和充实未来",更是简明地表达了大学应尽的社会责任。

密大前校长柯尔曼对育人使命有这样的解读:"大学要顶住社

会和家长的压力，不要为了就业去教育学生。一定要让学生和家长明白一个道理，大学的使命是要让学生思考做人的问题。面对社会、学生和家长那些功利性的要求，我们要敢于说'不'！"

前校长柯尔曼此言反映的是密歇根大学"全人"教育的理念，密歇根大学给予学生的不仅是知识，更有做人的道理。密歇根大学充满了人文关怀，强调对人的理解、尊重、关心和爱护，注重培养人的自由创造精神与人的主体性。

剑桥大学前校长阿什比有句名言，"大学是遗传和环境的产物"。一个大学的人文关怀如同空气、阳光和水一般不可或缺。从这个意义上说，创建世界一流大学的过程，就是培养大学精神和文化的过程。过分的浮躁、功利、限制等，都不利于世界一流大学的发展及其文化基因的传承。大学作为一种特殊的社会组织，维系其活力和发展的是大学精神。因此，我们在建设现代大学制度时，应该考虑大学精神。只有具备大学精神，才能真正成为大学。

密大，不仅是一间间教室，一个个宿舍的集合，更是牵系密大人共同体的纽带，它代表的是一种精神符号，一种文化共识，一种价值观传承，以及一种社会责任和担当。

肆 酒吧里的课后交流

Dominicks 是法学院附近的一家酒吧，也是法学院同学们聚会的必去之处。一天傍晚，在法学院几个学生的倡议下，大家相约 Dominicks 酒吧，共叙情谊。

酒吧并不算大。喧嚣的环境里，服务员高唱着拉丁风格的歌曲，舞蹈着为客人们斟酒。我要了一杯柠檬水，和 Linda 一起，找了个位置坐下。

坐在我们对面的是两个白人女孩。Linda 和她们聊起本科期间的故事。

我坐在一旁，静静观察。

熙熙攘攘的人群里，有不少是我们 LLM 的同学，也有不少 JD 学生。各色人种，高矮胖瘦，身穿各色服装，手持各种不同的饮品，聊得热火朝天，气氛十分热闹。

酒吧里的音乐很吵，我必须放大声音，才能更好地表达自己的思想。而这个过程也让我顿觉自己充满能量。

对面的白人女孩和 Linda 不时发出阵阵大笑。我侧耳细听了一会儿，却感到十分陌生，她们聊的笑话我都听不懂，也不知笑点何在。这让我有些尴尬。

坐了一会儿，我起身，加入到身边两个亚洲同学的讨论中。

"你好，我叫 Elena，很高兴认识你们。"我热情地介绍自己。

"Elena，你好！我叫 Taehee，来自韩国。"他个子很高，人很瘦，戴一副眼镜，非常斯文。

"我叫 Reem，来自卡塔尔。"这位来自中东的女同学穿着自己民族的服装，一袭黑袍，头上还蒙着一块黑头巾。

"我叫 Savera，来自巴基斯坦。"这位女同学一边说，一边眨着明亮的大眼睛，浓密的睫毛，高挺的鼻梁，小嘴巴，十分美艳动人。

"我叫 Hiroyuki，来自日本。"这位一身西装，相当精干的日本同学彬彬有礼地伸出手，与我们一一相握。

这些同学我在宪法课上都见过，但由于大家还有些羞涩，都没有深入了解过。这正是交流的好机会。

"除了必修课，你们这学期还选了什么课？"Taehee 问。

"我选了关于民事诉讼的一些课程，《民事程序法》，还有《劳动法》等。"Hiroyuki 回答说。

"我这学期在学《国际法》，还有一个研讨课。"Severa 说。

交谈中我得知，Taehee 是首尔人，六岁到八岁时曾在日本待过两年，大学期间到罗马尼亚去过，后来又在加拿大学习语言，有与欧美人打交道的经历。大学期间，他参加了由韩国外交部和韩国国际法学会主办的国际法论文比赛，并获得大奖。作为对他的奖励，韩国外交部资助他到海牙国际法学院学习了《国际公法》课程。此外，他还参加了韩国外交部资助的国际法模拟法庭大赛，再次获得大奖。他在首尔大学读了国际法学的硕士，研究生期间帮助导师做过许多研究。他的学术理想是在国际法秩序下增进国际和平与安全，主要的研究领域是国际法和国际组织的功能与作用。他打算在完成 LLM 的学习后，申请攻读法学博士（SJD）。

来自卡塔尔的 Reem 出生于 1990 年，在卡塔尔首都多哈长大，自幼喜爱法律。在学校的时候，她就注重积累法学知识，磨炼法律写作、研究技能。她的梦想是做一个法学教授。她希望把自己学到的知识带回卡塔尔，教给更多当地的学生，影响下一代人。此外，她还希望用自己的法律知识帮助穷困的妇女，帮她们解决问题，克服困难。她计划学成回国后，成立一个法律研究中心，专门培养精英人才，让这些优秀的学生将来在社会上发挥更大的影响力。

日本同学 Hiroyuki 是一个律师，出生在东京，东京大学毕业后进入日本规模最大的律所之一——Nagashima Ohno & Tsunematsu，从事商事诉讼业务。他代理过许多案件，涉及商事合同、知识产权、反垄断等领域。他们的客户中也不乏美国客户。他的职业理想是成为一名处理商事纠纷、国际商事诉讼和仲裁的专家型律师。

跟他交谈后我得知，日本有四大律师事务所，汇集了律师界的精英，以非诉讼业务为主。这跟我国律师界的几大"航空母舰"有相似之处。

巴基斯坦同学 Severa 也穿着自己民族特色的服装，一条鲜艳的及地长裙，长发披肩，言谈举止颇具魅力。交谈中得知，她的研究方向也是国际法。她是拉哈尔管理学院的法学应届毕业生，在学习期间做过教授的助理，帮助教授研究了许多关于国际法的问题，并发表了一篇论文。她同时也是助教，给学生们讲课。她还任学校学生法律杂志的副主编，并曾带领学生们参加了巴基斯坦大学生模拟法庭竞赛，获得了最佳研究员、最佳团队和最佳印象奖。此外，她还曾经领导过学生运动，对巴基斯坦总统提出的一项决议进行游行示威抗议。

我们聊着自己选的课程，对密歇根法学院的看法，以及听课后的感受。

"我觉得公司法很难。"日本同学 Hiroyuki 说，"特别是 Beny，她的提问真让人紧张！"

"嗯，我上节课就经历过呢。"我说，"不知道其他老师怎么样？《国际法》的 Simma 法官会不会这样提问？"

"Simma 法官很慈祥，他的课节奏不是太快，我觉得还能跟上,虽然阅读量大了些,但很有乐趣。"Taehee 说。

"我觉得《美国法律体系与研究方法》的老师讲的非常好,思路很清晰,对同学作业的批改也特别认真。"Severa 说。

"是的,我也这么认为,上次给我的修改,我还有些疑问,后来单独约时间去问老师,他回答得也很耐心。"Reem 说。

"我觉得宪法老师最好,有不少真知灼见,也有自己的想法,不照本宣科。"Hiroyuki 说。

"不知道你们的教材都从哪里弄的?是买的新书吗?"Taehee 问。

"法学院有个邮件群,你知道吧?在那个平台上发一封邮件,大家都能看到,可以互通有无,进行二手书交易。我的公司法教材就是从一个高年级 JD 手里买的。"Hiroyuki 一边晃着手里的酒,一边说。

"回去你把地址给我,我也去看看。正好我最近想淘几本国际法方面的书做研究。"Taehee 说。

"好的。"

一曲终了,酒吧里换了音乐。高度兴奋的我聊了许久,有些疲惫,转身来到另一桌。

几个同学正聊得火热。经过一番交谈,我得知其中有几个也是我们 LLM 的同学,如智利的 Ignacio,研究环境法;秘鲁的 Sheila,研究国际金融法;瑞士的 Roland,做商事诉讼;澳大利亚的 Zoe,在一家澳洲知名律所工作……

当然,Flora 和 Amanda 也在其中。

"你们都住在哪里?"我问。

"我住在法律人俱乐部,当时学校推荐的,我图方便,不用自己做饭。"Ignacio 摇头晃脑地说。他个子小小的,戴一副眼镜,说话的时候头一点一点的。

"我住在北校区（Northwood），因为订晚了，学校附近的宿舍都被订出去了。看来早行动还是必要的！"Zoe留着齐刘海，眼睛大大的，像两颗饱满的葡萄。我想起，她是宪法课上那个提问的女孩。她吞咽了一口酒，说道。

"我觉得安娜堡挺小的，即使在北校区也还好，有校车，二十分钟就到了。"Sheila说。她个子不高，身材窈窕，很有韵致。

"但还是近了方便啊！比如，我每天早上都要赶《欧盟法》的课，都要早起。"Zoe说。

"对了，你们有没有发现，安娜堡的银行很特别，就像学生活动中心楼下的Credit Union，我上次去存钱的时候，是把钱和存款凭条手动放到一个罐子里，再由系统传送到里间的工作人员那儿！"Roland说。他个子很高，有着欧洲人的魁梧身材。几年的商事诉讼经验让他显得很成熟。

"我也发现了，工作人员都不在前台接待我们。"Amanda吃了一口蛋糕，说道。

"也许是为了安全。"Zoe眨着大眼睛，说道。

"说到安全，我想起来，昨天我收到一封邮件，是一个犯罪通知（Crime Alert），不知你们收到没？"Flora把酒杯放下，问道。

"收到了！咱们的邮箱系统里应该都有，这是密歇根大学的习俗，给每个学生都推送这样的通知，让大家注意安全。"Roland说。

我们继续聊着。我得知，Roland的女儿两岁多了，他的夫人也跟随他来到安娜堡。而拖家带口来读书的LLM不在少数。

这一晚，我时而倾听，时而投入地交谈，不时更换着聊天的对象，希望结交更多朋友。

与同学们深入交谈后，我才真正了解到密歇根大学校园文化的多元性。

"密歇根大学以多元的校园文化著称于世，这是我选择它的一个很重要的原因。"印度同学 Nusrat 说。她皮肤黑黑的，身材有点胖，娃娃头，说话的时候手舞足蹈，憨态可掬。

"是的，密歇根大学的法学院享誉全球，而密大也是全美多元化最高的学府。"德国同学 Christina 说。她五官端庄，长发披肩，有日耳曼女人的硬朗，性格直率。

Christina 是我的 LLM 同学，而我们早在 2009 年就在柏林洪堡大学的争议解决项目上相识，这回同聚密歇根，实在是有缘分。她的男朋友 Martin 在迈阿密做律师，两人相识于柏林洪堡的项目，由跨国恋开始，如今也是异地。Martin 时常飞来安娜堡看她。

后来，我又认识了以色列的 Assef，韩国的法官 Kim，加纳的 Kojo，还有巴西的 Arthur 等。

酒吧里，各色人种，各种口音，仿佛联合国开会一般。这国际化的氛围，让久居书斋的我们感受到浓浓的异域风情。

与同学们走出 Dominick's，已是华灯初上。我回到图书馆，继续自己的研究。

多元化的校园文化，让我感受到自己不仅是中国人，更是世界人。而正是因为中国的高速发展，我们这些海外游子才有了后盾，有了底气。

2015 年，根据《美国城市商报》的最新大学排名，密歇根大学排在公立大学第一名，成为全美最优秀的"公立常春藤"。安娜堡也被评为全美受教育程度最高的城市。世界各地的精英在各自的国家取得卓著的成绩，经过严格的挑选，进入这所久负盛名的高等学府。学生具有高素质，所以我们能从彼此身上学到许多东西，仅是同学，就是宝贵的财富。他们带给我来自世界各地的知识，让我了解到其他国家发生了什么，即将发生什么。

每个来读 LLM 的法学院学生都对自己的研究领域、未来发展有着较为清晰的规划。这也许是密大法学院的 LLM 和 JD 区别最大的地方。JD 学生没有接受过法学基础教育，他们的课程是从 "What is law" 开始学习的。但他们有着其他专业的背景知识，他们在法学院将要接受的教育也是较为系统和全面的。而 LLM 学生之前都接受了系统的法学教育，对法律的理解更深入，方向也更明确。在密歇根，大部分 LLM 都计划学成归国，在自己的故土实现梦想。我们带着共同的法治理想相聚在密歇根，在这所殿堂里交流思想，谈论人生，辨析法理，相互借鉴，让自己更加博学，更加坚韧。我们心怀浓浓的爱国之情，为着各自民族的梦想，奋勇直前。

伍　像律师一样思考

也许很多时候，我们要像律师一样思考，需要远离激情的理性，绝妙而又冷酷的逻辑。

秋日，午后。绿树葱茏，天晴日暖。我坐在 Law Quad 的红枫下静静沉思，巧遇法律诊所的 Nick Rine 教授。Rine 教授个头很高，身材魁梧，满头白发，朝天鼻，嘴唇微厚。他教柬埔寨法，开了一个法律诊所，研究方向是法制与社会发展。我因为去年帮人找律师的事，跟 Rine 教授联系过，当时也从他那里学到了很多与律师沟通的技巧，我们算熟人了。

"Elena，你好吗？"Rine 教授亲切地向我走来。

"我很好，教授。"抬头，是他温暖的目光。

Rine 教授走到长椅边，坐在我的身旁。我们谈论着今年选课的情况，以及这一年的收获。我告诉他，回国后，我在国内一家律师事务所工作了。

"嗯，我发现你比以前有律师思维了。"他说。

"律师思维？怎么说？"

"就是法学院倡导的'Think like a lawyer'。"Rine 教授说。

"Think like a lawyer"应该翻译成"像律师一样思考"，这句话几乎所有法律人都听说过，而且是美国法学院培养学生的目标。在《平步青云》这部电影中，Kingsfield 教授对他的学生说："你们来到这里时脑子里面是一团浆糊，而离开时会 Think like a lawyer。"但很少有人能够说上来究竟什么才是 Think like a lawyer，或者说很难给它下一个定义。

律师究竟如何思考？

有这样一个小故事。"树上有 10 只鸟，用枪打死了 1 只，还有几只？"如果当作脑筋急转弯，我们会说"0"，如果作为考小学生的数学题，答案显然是"9"，如果律师，答案会是什么？

作为律师，或作为有法律知识或法律素养的您，能够提供怎么样的答案呢？如果换作我，很轻易地回答"0"，教授给我"1"分。理由很简单：不知道有几棵树，不知道鸟的情况，不知道枪的情况，如何能判断到底会有几只鸟？当我回答"0"时，我仅仅是一个普通人，当我回答"不确定"时，我才是一个有律师思维的人。

这也只是一个方面。像律师一样思考，更多的是一种绝妙而又冷酷的思维方式，它要求我们把事件的核心从感情与混乱的表象中剥离出来，通俗地说就是"透过现象看本质"。它还需要我们重视整个事件逐步推进的过程，而不是结果。

在美国，即使是在最普通的用语中，大家也都知道"像律师一样思考"指的就是对法律条文与证据的逻辑运用，再加上参考一些过去类似案件的处理结果。

亚里士多德说过：法律是远离激情的理性。一个好的律师要与法律共舞，就要把一个复杂事件冷酷地分解为若干个环节。这个律师要能够"独立"并且"封闭"地分析事件的每一个环节，每一个步骤，从而得出结论。而且，通过改变任意一个环节的某个条件，能够得出一系列不同的结论。

有人把"Think like a lawyer"总结为以下几点：

1. 客观看待事件，并且从事件的各个方面给出意见；

2. 把你的情感从事件的客观事实中分离开来，让你的意见紧密联系证据和法律；

3. 把复杂的事件分解成一个一个最基本的元素，再把这些元素联结起来得出你的结论；

4. 使用法律语言，这样你可以不用通过冗繁的解释，就可与其他律师有效交流；

5. 相信以你的能力一定能够找到适用事件的法律条文；

6. 良好的研究技巧，出色的沟通能力以及不错的记忆力。

Rine 教授说，"有这样一则笑话，一位法学教授问他的一个学生：假如你要给别人一个苹果，你应当怎样说？'学生回答说：'我把这个苹果给你了。'教授说：'不对，要像律师一样想问题！'学生想了想回答，'当我把苹果给他时，我会说，今天我将这个苹果全部并单独地转让给你，苹果的产权、所有权、收益权、请求权以及其他一切合法的权益，连同苹果的皮、汁、肉和种子一并转让。你有权咬它、切它、冷冻它或者用其他你认为更好的办法吃它。同样，你也可以把这个苹果的皮、肉、汁和种子连同所有的权利，以符合法律规定的形式在你认为合适的时间转让给第三人。当然你也有权只转让你认为应该转让的那一部分。'"

"那可不可以这样理解，假如张三想买房子，就有必要考虑这间房屋的所有权是谁的，是否征得了所有产权人的一致同意；这间房屋是否是以别人的名义修建的；这间房屋是否有其他诸如抵押、担保、出租或转让的情况；是否存在法律所不允许转让之情形；如果在履行合同的过程中，一方毁约，怎么承担责任，等等。这些内容张三不仅要通盘考虑，而且要用白纸黑字写下来，以合同的形式来规定买卖双方的权利和义务。最重要的一点就是要及时办理产权证和土地使用证。这些张三都考虑到了，一旦买卖成交，就要以最快的速度搬进这间房屋占有它、使用它。"我说。

"是的，如 A 和 B 怄气了，A 想请人去报复 B，就要考虑法律允不允许他这么做；他请的人会不会超出其委托的权限将别人致残或致死；他请的人会不会在落入法网时，因为扛不住而将责任一股脑儿地推到他的身上，他因此就会承担法律责任；他请的人会不会以后借此理由长期敲诈他的钱财，使他陷入是非困境之中……如果他像律师一样想问题，就很可能会放弃请人复仇的愚昧想法，落得个自在安逸。"Rine 教授总结道。

"我想到了国内学者提出的，'像律师一样思考'意味着相信法律（首要的是对抗制）是解决所有难题的理想手段。如果与法律制度无关的某一生活领域的事项出了问题，这个解决手段会将法律制度扩张到该领域。"我说。

"在英美人眼里，'律师'包含受私人委托的律师，也包括在检察机构从事诉讼活动的律师（检察官被称为'控方律师'），所以在这里，对'律师'一词不妨做宽泛理解。像律师一样思考，应当是指一个人的思维方式具有律师思维方式的特性，这种特性根植于律师职业、法律活动本身的传统和性质。它是一种职业习惯，一种角色心理，是养成的，熔铸在律师的群体属性里。"Rine教授意味深长地说。

在我看来，"像律师一样思考"可以理解为国内法学专家们所谈的"法律思维"。

如何培养法律思维？

"Think like a lawyer"其实与美国法学院的苏格拉底式教学方法密不可分，所谓苏格拉底式地问答就是用来培养律师思维的。

目前国内法学教育注重理论，侧重学生对知识的记忆，不重视解决问题的能力，轻视实践技能，实际上，从法学知识到解决问题的实践能力之间是存在距离的。中国政法大学方流芳教授认为："法学大师的产生是一个长期积累的过程，指望仅仅凭法学院的教育而成为法学大师，是一个从来没有实现的梦想。"法学院应当追求弥补理论与实践的差距。

Rine教授告诉我，1989年，美国律师协会成立了"法学教育与职业发展：缩小差距"的特别工作组，旨在了解美国法学院培养法科生从事法律职业的能力水准。工作组发布的《麦卡特报告》指出：法学院的核心目标在于培养法科生的律师执业技能与职业价值。报告强调："二战"之后，法学教育最显著的发展就是职业技能训练课程的发展。诊所法律教育鼓励学生批判性地思考问题，提高发现、分析及解决问题的能力。让学生掌握学习的方法，才是职业教育的精髓，运用这种方法教学，必将培养出大量富有创造性、善于解决法律问题的律师。

2008年，我在苏州大学王健法学院参加的中美欧法律暑期学校，教授们使用的就是诊所式教育。一位来自伯克利的教授说，我们办这个项目的目标，就是培养合格的律师（eligible lawyers）。在那次的项目中，我们所有的学生被分成代表谈判双方的不同小组。案情是一个跨国贸易，从合同的签订到争议的产生，各方都知道，但是各方手中各自有一份自己的材料，上面有委托人的授权、谈判底线以及己方所面临的困难。熟悉案情之后，开始模拟谈判、向董事会报告、模拟仲裁和模拟诉讼。我们每个上午学习谈判技巧、法律适用等课程，下午就进行实践。尽管这只是一场模拟，但是大家很快进入了角色，在为期三周的项目中，认真准备，在合同签订的谈判中讨价还价，在向董事会的报告中慷慨陈词，在解决争议的仲裁和诉讼中据理力争。三周课程结束后，大家既兴奋又激动，只感慨时间匆匆，意犹未尽。这样的教育，在国内的法学院中是不多见的。

据我理解，法律思维不仅是法律人的思维方式，贯穿在从事法律职业的过程之中，更是一种做人处事的理念。做律师的时候，我认为法律思维是一种逻辑性思维、分析性思维和精确的思维。言语不能有任何错误，表述必须绝对精确，思维必须精细而缜密。文书不能有一个错别字，也不能有一个标点和格式的错误。头脑要比电报机摩斯码还要高效准确。宁可缄口不语，不能开口说错。高标准才能出精品。这丝毫不亚于精密仪器和显微镜下的高精尖科学。

进入法院之后，虽然转换了身份，变换了思考问题的角度，但我对法律思维的理解更加深刻。如果说司法是一把宝剑，法律思维就如同剑魂，引领着司法者，也约束着司法者。我认为，法律思维是一种概念性思维，逻辑性思维，规范性思维，社会性思维，目的性思维，正义性思维。法官在裁判实践中，不是消极被动、无所作为的，既不是法律条文的奴隶，也不是程序规则、证据规则和举证责任分配规则的奴隶。唯有正确运用法律思维，才能正确掌握和运用各种裁判的方法，从而在各类案件的审理中实践法律正义，并促进社会的和谐。

据说，耶鲁大学法学院院长高洪柱的办公室里悬挂着一块中文条幅："理论没有实践就没有生命，实践没有理论就没有灵魂。"

法律诊所作为一种实践性法律教学方法，有利于培养学生的法律职业技能。它使用真实的案件作为背景材料，有真实的当事人，更易激发学生的兴趣，训练他们的应变能力，以及法律领域中需要的许多技能：如会见、咨询、谈判、起草法律文件等。诊所法律教育除了教授律师执业基本技能，也要求法科生遵守职业伦理，确立职业责任感。

想想民国时代法学教育家孙晓楼在《法学教育》一书中所说的话也就释然："我们的所谓法学教育，是希望以外国的科学方法，来训练适合于中国国情的法律人才。"

是的，虽然法系不同，法律制度和文化不同，但法律人的共同点，是有冷静、理性、精准、科学的思维方式。

这一点，中西方又是相通的。

一个秋日的午后，一把普通的密歇根长椅，我和 Nick Rine 教授对法律思维的话题，谈到了一地枫叶。它们在秋风中一片片儿地打着卷儿跳跃着腾挪而去。

我想，这一片落叶，我该如何用律师的思维去考量它？

暗夜，天空繁星闪耀。

人类的智慧，总是那么渺小而伟大。

或者也可以这样说吧：总是那么伟大而渺小。

法学院内的红枫　摄影/赵梦伊

特别提示：开学后必做的五件事

1. 领资料包。开学后第一件事就是到教务处领取资料包，并根据新生入学指南，处理各种与入学有关的事项，如缴纳学费，办学生卡。因为很多学校只有凭学生卡才能乘坐校车，并享受学校的一些待遇。

2. 办银行卡。每个学生还要办至少一张银行卡，以应对美国当地的消费。大多数情况下，在国内办理带美元支付功能的 VISA 或 Master 卡就能在美国使用，但办理美国当地银行卡也很有必要。

3. 办电话卡。留学期间会有很多沟通联络通过手机进行，所以长期生活一定要办当地的电话卡。在美国注册很多网站或服务都需要提供电话号码，如果用开通国际漫游的国内号，在登记电话时不方便。电话卡通常可以在销售手机的商店购买到。因为与国内通信可以用微信语音等功能，所以建议选择的套餐满足通话需求即可。

4. 购买教材。每门课通常都有一到两本教材，课堂上记清楚老师要求的教材名称和版本后，可以从网上购买，也可以关注校园里的二手书市场，在这个平台上常有高年级学生把用过的教材打折出售。这种方式能节省不少开销，因为教材普遍非常昂贵。经济宽裕或习惯用新书的同学们也可以在书店或网站上找到所需教材。由于美国大学的教学一般有阅读作业，每节课前要读十几页到二十几页，课后还要针对有关问题进行作答，因此备齐教材是必要的。

5. 购买文具。美国大学里通常都有不止一家书店，每家书店都供应文具，包括笔记本、活页纸、文件夹、订书机、签字笔、水杯和各种纪念徽章、带校园Logo的T恤衫等。建议找到邻近的书店，及时补充学习用品需求。此外，书店还提供教材和教辅书，常光顾会不断有新收获。

6. 更新电脑。一是更新软硬件。国内带去的笔记本电脑通常都有自己的程序和软件，而美国大学教学和考试中一般对系统和软件有要求，如苹果电脑在美国使用较为普遍，考试系统中会有专门针对Mac的系统。学校通常会组织IT人员统一给大家安装一些软件，但如果没有特别安排，自己要保证能找到专业人员，解决学习设备问题。**二是连接无线网**。在住处如果没有已经开通的，要自己连接路由器，这对需要大量阅读和上网查阅资料的美国大学学习来说非常必要。

第三章
留学生的酸甜苦辣

壹 美好生活 / 政府

秋末，我去图书馆注册了一个自习间，从此也有了自己的自习间，可以把需要的书搬运过去，留在原地备读。

回来的路上，一路吹着风，回味着下午的研讨课，思忖着晚饭的备料。想来国内此时应该是热闹非凡，我们这些海外的游子还在外奔波，自己照料自己，心中不禁感慨。

密大的 Regan 老师开了一门研讨课，叫作"Good life/Government"，翻译成中文，就是《美好生活 / 政府》。

这门课有点像哈佛的幸福课，讲如何获得更体面而有价值的生活。这种体面和有价值，主要集中在精神的秩序，灵魂的安宁，集中在对哲学命题的探讨。在复杂的法学课程之外，通过讨论课的形式，激发大家对于美好生活的探索，让人格外放松。听了一天枪林弹雨般的民商法课程，回归到哲学的领域，倍感神清气爽。

研讨课是密大法学院的特色，小班化教学，班级规模控制在 15~20 人，让每个同学充分参与讨论。研讨课与普通大课的上课方式不同，考评方式也不同。一般是 2 学分，用论文形式考核。而法学院其他基础课和专业课，通常是 3~4 分，用严格的考试测评。

《美好生活 / 政府》课前，我们拿到一个长串的阅读书单，包括"The Hungry Ocean"（《饥饿的海洋》），"Pray Without Ceasing"（《不间断的祈祷》），"The Perfect Mile: Three Athletes, One Goal, and Less Than Four Minutes to Achieve It"（《完美的英里：三个运动员，一个目标，以及不到四分钟去完成》），"Big Bang"（《大爆炸》）等，内容涵盖了工作、爱情、运动、园艺、宇宙学等，有点类似伦理学，围绕我们生活里的话题展开探讨。

每节课前由两位同学写"kickoff papers"，我把它翻译为"抛砖文"，引出当天要探讨的问题。课上大家畅所欲言，尽情发表自己的观点，教授也参与讨论，并进行点评。课程的成绩是平时的"抛砖文"占一定的比例，期末论文占一定比例，综合打分。

对于 Regan 老师的课，听到的评价多半是这样的：Regan 老师很 nice，讲课很风趣，思维缜密语言连贯，但常常讲的不是课本的话题。而跟 Regan 老师接触久了，我发觉他不仅是个宪法学者，宪法律师，国际经济法学者，参加过《关税及贸易总协定》的立法，更是一个哲人。在灿若星河的哲学家园地里，他当然算不上什么名人，但他曾经很勇敢地批判过康德，这一点让我印象深刻。我从没妄想成为哲学家，但跟着 Regan 老师，我对哲学进行了一些浅尝辄止的探索。

每当日子按部就班，一切显得天经地义的时候，我会怀疑这份平凡的价值。总觉得听命于某种权威，被外界的力量所推动，是让渡了自我意志的妥协。看到一个密友的状态改成了 life for rent（无主生活），联想到康德的代理人理论，越发感到这是一个值得深入思索的命题。美国法的许多理论建立于代理人理论的基础上，如商法中的代理关系，行政法中的代理机构等。我不由反思，我们的足迹，是出于真心的愿望，还是一种被动的妥协？

我又想到了"愚人"这个词。塔罗牌中，"愚人"是一个穿着色彩斑斓的服装，无视前方的悬崖，昂首阔步向前行的角色。

未知的旅程，无畏的灵魂，是迈向一个命定的数格，还是广阔的彼岸？两者皆有可能。上次的"Good life"课程中通过与 Regan 老师讨论，我认为，人生不存在选择，凡选择都有其内在的逻辑链条，使之存在推理到一个结果的必然性，而 Regan 老师坚持说，在这选择的过程中，人的自由意志占主导地位。人基于信仰，追寻某种超越了本体的客观存在（objective good），因此人才会成为理性人。而在我看来，这两者也并无大异，只是殊途同归罢了。

百度了"愚人"这个词，引文有下：

《诗·小雅·鸿雁》："维彼愚人，谓我宣骄。"

唐代韩愈的《师说》："圣人之所以为圣，愚人之所以为愚，其皆出于此乎？"

《红楼梦》第七十九回："可知天下古今现成的好景好事尽多，只是我们愚人想不出来罢了。"

梁启超《译印政治小说序》："天下通人少而愚人多，深于文学之人少而粗识之无之人多。"

转念想想，夫为愚人者，无不是放下思索的包袱，放心而大胆体度每一日的人。午后散步的时候，路过安娜堡的一片墓地，去年的一幕幕又如电影般在眼前闪过。黑白胶片封存的，不仅是一段回忆。而时间的洪流里，生存的列车不停向前，目光回溯的罅隙越来越少，取而代之的是经验证的逻辑。

不知道哲学家是不是都容易产生一种狭隘和局限，钻进某种道理，忘了生活的本身。记得浙江大学社会学教授冯钢说过，不要去探寻意义，意义就在你经历的当下。活在当下就是你的意义。我不知道是云端的眼睛只见月圆不见山高，还是地面的凡人只见山近不见月远，但我知道有些所谓的钻研就像一场马拉松，常常是奔跑着而忘了自己从哪儿出发。又像画家画了一笔又一笔，每一笔下去，不是接近了物本身，反倒是离眼前的实物越来越远。在理论和书堆里泡久了的人，容易出现只见树木不见森林的问题，走近了看到枝干，再细了看到叶片，再剖析叶脉，深究脉络里的纹路，乐陶陶沉浸在其中，忘了环境。

但我知道 Regan 老师不是。有次在校院里路遇 Regan 老师，金黄的秋日阳光正透过层叠的叶片洋洋洒洒地落在他的身上，我抬头看见他的瞬间，心里涌起一股暖流。Regan 老师有一种强大的能量，我不知道其他同学能否体会到。虽然他讲课的时候常常因为几个词汇同时涌出脑海而显得迟钝，有人甚至因此认为他木讷，常常讲不清楚问题。但我知道，他心里明白。他的眼神传递给我坚定而宁静的温度。

Regan 老师在一个学期中每天神采奕奕地来到教室，我在这个学期的每节课都穿上整洁干净的服装，认真地坐在课堂。我享受这份清澈与宁静。这就像是与知己在一起，无须言语，时间静止。偶尔走神的时候我在想，也许没有谁能打扰到这个不停搬石头的西西弗斯，除了他自己。

回到 Utowers，远见送比萨的黑人小哥在公寓前台对面的长桌上，摆开他的装备——一只巨型户外运动双肩背包，里面用一个个方方正正的盒子装着热气腾腾的比萨饼，口味有鸡肉（chicken）、香肠芝士（peperoni）和奶酪（cheese）三种。我依着口味的惯例，挑了香肠芝士。付款之后，我与他攀谈起来，方知他也是法学院的学生，每个周日来到 Utowers，从晚上 5 点到 7 点，在楼下供应热比萨，一方面赚得零花钱，另一方面也为来往公寓的同学提供了方便——同学们回到公寓，可以吃上热饭，省去了许多麻烦。

在美国，勤工助学是一个普遍的现象，有人送比萨，有人做助教，有人做图书代理，有人卖保险，特别是贷款上学的学生，利用闲暇时间打工还贷，这已经成为一种生活方式。虽然打工方式各不相同，目的也各有侧重，却不会因此而受到任何指摘——不论年龄，无关工种，都会受到一致的对待。

除了打工送比萨的小哥会给公寓的居住者提供方便，Utowers 公寓管理处还提供加餐服务，在一楼的休息室里摆着桌子，每天供应不同的食物，如周一是牛奶、果汁、早餐面包和糖果，周三则换作热狗、薯片和酸奶等。放学之后，我们每个人都能吃上热腾腾的食物，这对忙碌了一天的同学而言，是一种莫大的放松。有的时候，仅是学校供应的餐饮就可以当作晚餐，省去了我们自己做饭的时间。

德国女孩 Christina 和克罗地亚的同学 Mirna 也选上了这门课，所以我们有机会在一起上课。课下，我们经常相聚在一起，到 Christina 家吃她烘焙的甜点。有一天，课堂上讨论的是爱情，课下作业是看一部老师指定的爱情电影。Christina 在图书馆借到了这部电影光碟，我们就一起到她家里，在地毯上席地而坐，一边吃蛋糕喝饮料，一边共同欣赏电影。她的电视很大，影音播放效果也很棒。那天 Christina 还传授给我她的烘焙配方，用一张 A4 纸工工整整地写下了做蛋糕的整个流程。

有次上课，Bryan 迟到了，看到他气喘吁吁地走进教室，大家不由得心生疑惑。讨论中才得知，他刚刚参加完密歇根的"选美大赛"——Finding Mr. Wolverine（寻找 Wolverine 先生）！

这让我有些瞠目，不仅是因为选美在我印象中只是针对女性，更因为在密大，很难置信还有这样的精彩活动！虽然遗憾没有亲临现场，但后来我在学校的网站上搜索到了相关的视频资料，发现这个活动其实很有趣。男生们穿上超人般的衣服，载歌载舞，展示自己的肌肉力量和才艺。我们 LLM 班也有个欧洲同学 Nelson 参加比赛。后来 Leo 告诉我，这个 Nelson 因为贪玩，成绩很不好，在宪法课的成绩是班级后几名，而另有一门课，差点没有及格。这是小道消息，真实性有待考证，不过由此我也知道，来到密大的同学里，不只有精英和学霸，还有很多同学热衷社交和娱乐，成绩并不理想。

每个人对美好生活的定义不同。在单一价值观的引导下，我曾经以为学习好就一切都好。而事实上，对生活的理解不同，选择不同，侧重点就不同，所获得的成果也就不同。种瓜得瓜，种豆得豆。不是一考定乾坤，而是力求丰富与多元，这是密大教给我的另一课。

就以 One Republic 乐队的一首歌"Good life"来结束本节吧。

Woke up in London yesterday

昨天我在伦敦醒来

Found myself in the city near the Piccadilly

发现我就在皮卡迪利附近 [①]

Don't really know how I got here

我搞不懂怎么会跑到了那里

I got some pictures on my phone

---

① 皮卡迪利广场由纳什于 1819 年设计，是一处圆形广场。这里是伦敦市著名的交通枢纽，好几条繁华大街会聚于此，所以该广场被称为"伦敦的肚脐"。

我用手机拍了些照片

New names and numbers that I don't know

上面的门牌和地址我都不曾来过

Address to places like Abbey Road

但看起来像是 Abbey 路（Abbey Road 也是披头士一张专辑的名字）

Day turns to night, night turns to whatever we want

白天变成夜晚，夜晚变成我们想要的样子

We're young enough to say

趁着年轻，我们一起喊

Oh, this has gonna be a good life

噢，这是如此美好的生活

This has gonna be a good life

这将是如此美好的生活

This could really be a good life, good life

这真是美好的，美好的，美好的生活

贰 苏格拉底教学法

劳拉·班尼（Laura Beny）是我们的公司法老师。

早在课前，大家就议论纷纷，说这老师是个"冷面杀手"，课堂气氛沉闷，点名提问是毫不含糊的暴风骤雨，即使你准备得再充分，也会被她穷追猛打地提问打得像落水狗一样。即使成了落水狗，她也不罢休，直到把你打成落水的"课堂上的乏走狗"。

第三章 留学生的酸甜苦辣

班尼30多岁，苏丹裔黑人，父亲是苏丹的一个语言学家。也许是学术世家的背景使然，她总是一本正经，不苟言笑。

其实她长得很漂亮，高挺的鼻梁，浓密的睫毛，身材匀称。然而上她的课，你从来不会认为她是漂亮的女人，有的同学直说，她讲课时简直就像是一个拿枪的黑社会杀手，天天出演"上海滩"。

出于此，我课前认认真真地把案例读了又读，原本就狭窄的课本边缘也被我做上了密密麻麻的标记。

然而还是如一场噩梦。

这一天讲的是董事信托义务（fiduciary duty），涉及公司法中经典的案例——迪士尼案。课堂如往常一样进行，班尼平平的、毫无抑扬顿挫的语调令人昏昏欲睡，她面部表情僵硬，伴随着言语的手势以及适时的笑容都仿佛是设计好的。她低头看看课本，再环视教室，开始进行"冷酷提问"（cold call）。

"Elena！"

她冰冷的声音回荡在教室，像冬天里凛冽的寒风一般冷彻骨髓。

"Elena，叫你呢！"坐在我身旁的Leo用胳膊肘碰了碰我，小声说。

是我吗？我的心怦怦跳，表面上却平静如常。我抬起头，迎向她的目光，只觉得那双眼睛如锋利的钢针一般，随时可以给我文身。

"你来概括一下迪士尼案的事实及判决结果。"班尼老师平静的声音里透着不容置疑的威严。

"OK, let me try.（好的，我试试。）"我硬着头皮开始回答。

"1984年迪士尼总裁弗兰克·威尔士（Frank Wells）意外于直升机空难中丧生，由迈克·艾斯纳（Michael Eisner）暂代总裁。但迈克·艾斯纳却又在三个月后因心脏病必须做血管支架手术，迪士尼需要迅速找一个适当的接任人选，而迈克·欧维兹（Michael Ovitz）是迈克·艾斯纳的中意人选。然而，欧维兹在入驻迪士尼公司的期间（1995~1996年），与公司的经营团队相处并不融洽，且无太大的业绩，在1996年12月7日，遭董事会解除职务。迪士尼公司为此将付出提前终止合同的赔偿金约5000万美元给迈克·欧维兹，而且之前签订的雇佣合同里约定迈克·欧维兹有权以低价购买300万股华特迪士尼公司股票。"

我顿了顿，接着说："华特迪士尼公司股东于1997年控告公司董事涉嫌浪费公司资产，违反董事义务。理由是董事会在并没有仔细研究欧维兹的工作合约或追查他的工作记录便雇用欧维兹，且又于1996年12月以1.4亿美元的天价中止欧维兹的雇佣合同，给公司带来极大损害。股东要求被告退回欧维兹离职金1.4亿美元加上6000万美元利息，并给付原告诉讼费用及其他支出，加起来共需赔偿公司2.623亿美元损失。"

"事实是这样的。判决呢？"班尼老师追问道。

"2005年8月9日，特拉华州衡平法院做出了判决。法院认为，艾斯纳衡量了所有的可行替代方案，也接受他的顾问所提的建议，而且在做相关决策时善意相信这些决策能为华特迪士尼公司带来最大利益，且当时艾斯纳也知悉所有可以获得的相关信息，以此作为其判断的依据。另外，艾斯纳并未与此雇佣关系有任何利害关系。基于以上事实，法院认为原告所提并未能证明被告违反信托义务（fiduciary duty），判决原告败诉。"我的回答已经倾尽了自己的最大能力。

"你认为艾斯纳尽到了他应尽的义务了吗?"班尼老师向前迈了一步,声音洪亮地问。

"我认为,我认为……"忽然间,我的大脑仿佛一片空白。我在课本上找不到关于这个问题的答案。

"Elena,你就按法院判决说。"身边的 Leo 小声提醒我。

"嗯,我认为他尽到了自己的义务。"我定了定神,不太自信地说。

"你凭什么认为他尽到了自己的义务呢?说具体一点。"

"呃……我认为,艾斯纳先生对欧维兹做了充分的考察,也接受顾问所提的建议,而且在做相关决策时善意相信这些决策能为华特迪士尼公司带来最大利益,且当时艾斯纳也知悉所有可以获得的相关信息,以此作为其判断的依据。所以我认为他尽到了自己的义务。"我把法院判决的大意复述了一遍,这是我能想起的唯一答案。

"那么,你认为什么是'可以获得的相关信息'?"

"这……"我的脑子越发空白。人说苏格拉底式教学法会把人变成白痴,果真传言不虚。

我开始竭尽全力垂死挣扎般地绞尽脑汁。而越是紧张,我的脑子越像没撕开的果冻一般,明明是流动着的,却一个字也想不起来。

空气忽然令人窒息,课堂上一片死寂。我尴尬极了,恨不能找个地缝钻进去。

"有谁能回答这个问题?"班尼老师松了口气,仿佛一场战役上得胜的将军。

一位黄头发的同学高高地举起了手,接过了这个问题。

"就是可以通过其他渠道获得的有关欧维兹先生历史背景、人品、业绩、能力等方面的信息。"

唉,这么简单的问题,怎么我刚才就没想起来?我心里嘀咕。

"那么,你能解释一下这些'其他渠道'都是哪些渠道吗?"

……

课堂提问仍在继续,我把头深深地埋在书中,脸上红一阵白一阵,心中的忐忑直到下课都未能缓解。

"没事的Elena,你已经回答得很好了!"下课后,菁菁走过来拍拍我的肩膀,"班尼老师就是这样的风格,你别太在意!"她安慰我说。

尽管如此,我还是自责不已,回想当时,如果能更加放松,也许思维会转得更快一些,思维轨道就不至于堵车了。

回到宿舍,我在电脑上输入这样一行字:

苏格拉底教学法(Socratic method)。

百度中弹出一连串的信息。

我细细研读。

"苏格拉底(Scorates,前469~399年)是古希腊著名的哲学家和教育家。他的教学方法主要通过对话式、讨论式、启发式,通过向学生提问,不断揭露对方回答问题中的矛盾,引导学生总结出一般性的结论。在苏格拉底的教学过程中,师生共同进行哲学思考,学生和教师都进行着学习,通过讨论而探索。教师要从学生的角度出发,进行提问,从而获得一个学生能够亲身体会的反思性洞见。这一洞见不是设计出来的,也非自动产生的,而是通过关于一个问答的对话而获得的。"

"苏格拉底教学法是一个逻辑推理和辩证思考的过程，它要求学生对已经存在的概念和定义进行进一步的思考，对任何问题都要做进一步的分析，而不是人云亦云，只重复权威和前人说过的话。这种教学方法对于培养学生独立思考的能力、怀疑和批判的精神，以及对于西方教育和学术传统的形成都起过十分重要的作用。"

原来如此。

在法学院，苏格拉底教学法又称为"案例教学法"（Case method），是英美法系国家最主要的教学方法。这种教学方法由哈佛法学院前院长克里斯托弗·哥伦布·朗德尔（Christopher Columbus Langdell）于 1870 年前后最早应用于哈佛大学的法学教育之中。后来，这种方法被各大法学院借鉴。

结合自己的经历，我终于明白了苏格拉底教学法的大致过程，即教授出其不意地抽点一名同学，让他讲述课上需要讨论的案例，将相关事项做案例摘要；然后，教授会针对摘要穷追猛打，提出一连串的问题，迫使同学把问题阐述得更清楚。在这不断提问的过程中，老师与学生一起就某个虚拟的案例或实例进行讨论，在讨论中引导学生总结出法律的原则、规则以及各种法律之间的关系。

其实我国不缺少启发式的教学，孔子就善于用这样的方法，通过师生之间的问答来实施教学。《论语·述而》中对此有经典表述："不愤不启，不悱不发，举一隅不以三隅反，则不复也。"按宋代朱熹的解释："愤者，心求通而未得之意；悱者，口欲言而未能之貌；启，谓开其意；发，谓达其辞。"可见，启发式教学的核心是了解学生的认知规律，掌握学生的心理状态，适时施教而"举一隅不以三隅反,则不复也"是对"不愤不启,不悱不发"的进一步说明。

然而,启发式教学在我国当代的法学院所用甚少。我国法学院的传统教学方法是课堂讲授,教师依据教材和教学大纲编写讲义和授课。教师讲授的内容被认为是权威的和天经地义的,学生只能被动地接受和记忆。如果对老师的观点提出挑战,往往被认为是对老师的不敬,并难以在考试中取得好的成绩。教授的任务是灌输,而不是鼓励学生怀疑现成的理论、探究理论的背景。

在美国法学院,教授不仅会带领学生分析法律、规则和规定会给社会带来什么样的结果,也会分析法官判决背后的逻辑和价值判断。因为,法官的判决可以帮助我们了解社会的观点和动机。

一般来说,判决会支持一方当事人的诉讼请求。然而,我们也需要知道为什么法官支持一方当事人的诉讼请求而不支持另一方。我们还需要了解为什么原告提起这个案子,原告想要什么?原告如何用法律帮助自己?法律能不能这样适用?我们不仅分析原告,而且分析被告。

我们会问同样的问题:被告希望用法律实现什么愿望?他如何用法律为自己辩护?为什么双方都适用同样的法律,但是只有一方会赢?

在上述情况下,我们经常能看到,对同样的法律有许多不同的观点和解释。了解这些观点和解释是非常重要的。在诉讼中,双方当事人都希望用法律实现他们的预期,双方的律师们都要用法律帮助客户实现他们的预期。要想用法律帮助客户实现其预期,律师们不但应当精通法律,而且应当知道适用这些法律的结果。

律师们如何了解适用法律的结果呢？在法学院上课的时候，他们经常回答"为什么"的问题。就是说，在苏格拉底式教学中，我们从同学们的回答中可以听到许多"律师"的观点。这样进行法律教学很有好处。因为我们已经听到了同学们的观点，我们会预料对方的观点。因此，法学院培养出来的学生可以直接做律师，给客户提供优质的服务。

在美国的法学院，学生们也很想了解社会的未来和方向。法律帮助社会塑造其发展方向。在美国法学院，我们也分析案件和法律的历史。正因如此，法学院的毕业生也可以直接进入政府部门或公益组织，为国家和社会服务。

而我国的法学教育与社会的脱轨，已是不争的事实。究其原因，一方面是法律体系问题，另一方面则是文化和思维方式所致。

记得我 2008 年参加中美欧法律暑期学校时，曾经有美国教授对中西方文化的差异进行了介绍，用了一些心理学图片来举例说明，并指出，中国文化的思维趋向于综合、全面，如阴阳八卦图，而西方文化则倾向线性思维，侧重逻辑分析和推理。

当时的教授用了老子的"道可道，非常道；名可名，非常名"来解释。并且用了胡萝卜（Carrots），柑橘（tangerines），兔子（rabbits）分类的例子来说明中西思维的差异。有一幅心理图片令人印象深刻：有调查显示，当谈及个人和家庭的时候，亚洲人倾向于将二者混为一谈，而西方人则倾向于将二者区别开来。这一点在脑图上用两块不同的颜色表现得特别明显。

中西法律传统对比过后，德国教授介绍了侵权法（Torts）。从咖啡壶案例说起，比较了德国和美国不同的侵权法律责任体系，德国为代表的欧洲国家少有侵权诉讼的案例，因为国家保险体系非常发达，而且诉讼的经济成本过高以至罕有人选择诉讼。

与相信诉讼相比，大家更相信政府对产品质量的严格立法能够敦促企业生产出合格的产品。

而此论断遭到美国教授的质疑，因为美国教授们相信诉讼的力量，与德国的法治建构主义相比，案例法传统使得美国人更相信法律演进主义。当时一位教授概括道，"The common law system is from bottom up, while the civil law system from top down."（普通法系是自下而上的，而大陆法系是自上而下。）不同的法律体系带来不同的思维方式，美国人相信权力至上，并且习惯通过诉讼来解决产品责任的争端。侵权责任法从过错责任到严格责任的演进也来自美国。

反思苏格拉底教学法和孔子的启发式教育，我不禁思索，苏格拉底教学法一定适用于中国吗？在因材施教的理念下，学生的自尊心应受到保护，在某种程度上，苏格拉底式的逼问无疑是咄咄逼人的。而孔子的循循善诱，或许是更好的选择。

当今，在经济全球化的背景下，东西方教育理论与教育实践正朝着互渗互吸的方向发展。然而，经济全球化虽加快了不同国家和民族间教育的交流与交融，但并没有改变多元教育并存这一客观事实。西方教育崇商重工，中国传统教育重农抑商；西方教育强调个性发展，中国传统教育推崇个人克制；西方教育倡导个人独立，中国传统教育崇尚师道尊严……

希腊文学家卡赞扎基斯曾说："苏格拉底和孔子是人类的两张面具，面具之下是同一张人类理性的面孔。"在东西方教育的不断碰撞中，我们要做的，最重要的也许是充分吸收西方教育的合理内容，同时也要坚守自己的优良传统，为学生走向社会、适应社会、服务社会创造良好的条件，使其不仅学会求知，更学会生活、学会奉献。

改革开放以来，我国的不少法律院系开始研究英美的案例教学方法。20世纪80年代，中国政法大学聘请美国著名法学教授进行案例教学法的尝试，取得了较好的教学效果。最近几年，清华大学等法律院系也开始尝试案例教学法。国内不少法律院校编写了案例教学的教科书和参考资料，并日益重视案例教学。我们相信，在不久的将来，我国的法律院系会越来越重视案例教学，案例教学法也会在我国的法学教育中占一席之地。

佛家有言，"法无定法，然后知非法法也"。其实教育也无定法，真正的法，是因时、因地、因人制宜的，它只在老师的心中。所谓"有教无类""因材施教"都是孔子教育思想的最重要的理论，可惜，2000多年过去了，我们仍然没有做到，至少没有做好。

即使领略到了西方教育的风采，即使远涉重洋求经求法，并且也许学有所成，我仍然这样认为，甚至我相信，越是对比，越觉得中国的教育是最高妙的。

这些思考是我在做了"课堂上的落水乏走狗"之后，最重大的收获。

叁 证券法的无人之境

选课的时候，White教授就曾经推荐我听听Khanna教授的课程。我有幸选择了 Khanna 的证券法，跟随他开始了一段有趣的证券法之旅。试听之后发现，一方面，证券法的老师讲得清楚；另一方面，学习美国发达而完善的资本市场知识，有助于将来为中国建立更透明而规范的资本市场献计献策，每当想起这个使命，我就感到一阵热血沸腾。

Khanna 教授是印度人，在哈佛大学法学院读了法学博士，同时也是那里的访问教师。他是哥伦比亚大学和耶鲁大学的高级研究员，也是斯坦福大学法学院的访问学者。他的专业领域是公司法和证券法、公司犯罪、印度法、新兴市场的公司治理以及法律与经济。著作等身的他是美国商法界的巨匠，曾上过美国、印度、德国、瑞士和英国的新闻。他曾多次在哈佛、耶鲁、哥伦比亚、伯克利、斯坦福等校以及美国国民经济研究局和美国法律与经济学会发表演讲，并曾在美国、印度、中国、土耳其、巴西和希腊等国进行演讲。

Khanna 的课程最鲜明的特点是清晰明了。对于证券法这个大蛋糕，每个教授都有自己的理解和授课方式，而 Khanna 的课是我听过的最透彻易懂的。他能让零基础的学生跟上商法复杂的节奏，把一个个案例简化，并有所拓展。

上学期听过几节 Pritchard 的证券法课程，这学期又听了 Khanna 的课，对比这两个商法名人，得出结论如下：Pritchard 是一个了不起的学者，而 Khanna 是一个天才教师。学者和教师之间，有道深长的鸿沟。一个才华横溢的学者在深邃的理论中打太极，如入无人之境，少有人能近其身；而天才教师则能把他对理论的理解传递给没有基础的学生，如教健身拳法，让零基础的同学了解知识和技艺本身、推理的逻辑和分析的路径。

中国的大学不缺少严谨治学和谦虚做人的学者，却少有挥得大厨一般的技艺、善于把知识配料调成一道道美味大餐的教师。在这一点上，我们应当向 Khanna 学习。

近年来，国内对资本市场的法律制度改革大刀阔斧。联系美国证券法课程的内容，在我看来，资本市场是最好的"无知之幕"——在一块不能预知结果的幕布之后，人们展开讨论和竞价，能推进交易的程序化，去人治，兴法治。只有从上到下推进证监会的发审制度改革，完善资本市场，在国企改制的浪潮中，打通民间资本的融资渠道，才能有希望让国企和民企站在同一条跑道上，实现公平竞争，进而实现分配正义。完善资本平台、弱化行政力量、发展小额信贷，促进民间融资渠道的多元化，是中国民商法发展的趋势，也是保护民间资本、保障交易自由、保持融资渠道畅通的需要。

Khanna 在证券法的一节课上曾经提出一个观点，说证券律师是拟上市公司的"手机"——对拟上市公司而言，证券律师是随时可以打通电话的手机，是联系外界的工具。这个观点让我印象颇深。随着国内资本市场的完善和 IPO 的重启，证券律师的业务量不断上涨，证券律师能不能成为拟上市公司的"手机"？让我们拭目以待。

肆 并购课的"高盛"女人

听完 Khanna 教授精彩绝伦的课程后，我决定再加点负荷，选了 M&A（"Mergers and Acquisitions"，《兼并与收购》），本来不轻松的学期又添了一门重课。但好的老师总能深入浅出，化繁为简，帮助学生理解复杂的知识，一天天像搬石头一样，日积月累，也就完成了这个工程。从长远看，对未来的知识结构、职业规划和发展前景都大有裨益。

这位"好老师"名叫 Alicia J. Davis。她曾经是耶鲁的 JD，哈佛的 MBA，高盛公司（Goldman Sachs）里叱咤风云的投行女杰。

Alicia J. Davis 教授是密歇根大学的商法老师，她教的课程主要有企业组织法、兼并与收购、投资者保护、法律与经济研讨课等。她的研究方向为公司治理和证券法。她本科毕业于佛罗里达农工大学经济管理专业，哈佛的 MBA，耶鲁的 JD。来密歇根之前，她曾在华盛顿的 Kirkland & Ellis 律所执业，业务范围主要是大公司、小公司以及私募公司的并购和杠杆收购交易。她还做过投资银行业务，先是在纽约的高盛公司做股权和债务融资，后去了佛罗里达圣彼德斯堡的 Raymond James & Associates，做负责并购业务的副总。她还曾经于 2010 年在芝加哥大学任访问教授，是佛罗里达州和华盛顿哥伦比亚特区的律师。

Davis 教授的风格犀利而干练，上课严谨认真，做事雷厉风行，这一点从她课程时间表的安排可见一斑。她讲课时，总能恰到好处，把握重点，抑扬顿挫，如同汩汩清泉将知识注入学生的心间，逻辑推理无懈可击，案例分析充满智慧。听她的课，仿佛整个人都变得清澈透明。每节课她都能举出典型案例进行分析，有些案例就是她亲身经历过的。能够化繁为简，变抽象为具体，是优秀教师的特质。Davis 教授不仅是投资女杰，更是优秀教授。

学期伊始，每门功课都有一节课专门介绍本课程的教学计划和主要内容，我认为，Davis 教授的课程是最精彩的。她把 M&A 的主要内容做了介绍，并详细规划了学习的时间表。她用缜密的思维，把这门复杂而琐碎的课程安排得井井有条。

处理完所有的琐事，坐在电脑前，梳理学习的感受，只觉得一切顺风顺水，游刃有余，收获颇丰。

放眼望去，密大教授们的背景可用"惊艳"这个词来形容。国际金融的老师是奥巴马团队的财政事务顾问；证券法的老师是证监会的前官员；影响力投资的老师是美国小额信贷国家顾问团队的成员；国际商法的老师是知名律师事务所的合伙人。

密大的教授不愧是美国最优秀的法学教育团队之一。学期开始，我旁听了几节课，Crane Daniel 老师的《合同法》调侃批判夹杂着冷幽默，课上经常让同学们大笑不止。Simma 法官的《国际法》深入浅出，条理清晰，博古通今，曾在国际法院工作的经历让他对国际法的解读独具特色。Nicholas Howson 教授的《公司法》更是堪称一绝，课堂上，人群黑压压一片，拥挤得水泄不通，连教室最后都坐满了旁听的人。他逻辑严密，具有高超的分析能力和授业技巧，将原理与案例浑然天成地糅合在一堂课中。

Novak William 老师的《早期美国法律史》（Early American Legal History）也是颇具魅力，把枯燥的历史演绎得栩栩如生，令人心驰神往。Uhlmann David 教授的《环境法》更是令人拍案叫绝。作为美国环境法界的杰出人物，他在环境法领域已享有盛誉，而他本人却非常平易谦和，充满对环境法的热爱和对教学的激情。对环境问题深深的忧虑，生动的文字和图片，幽默的讲授和精辟的分析都令听者如观赏一场精妙绝伦的表演，对环境法的兴趣也油然而生。

听筱燃说，Nina A. Mendelson 老师的《行政法》也是经典。柔弱的女老师心中却大有丘壑，对行政法有独到的见地。短短的一堂课中将美国复杂的政府架构勾勒清晰，听她的课仿佛遍览名山大川，大有一览众山小之势。

在法学院的学习生活渐渐步入正轨。徜徉在知识海洋里的愉悦，像是轻盈的泉水涓涓流淌，有种无法抑制的顺畅与自在。对密大博大精深的底蕴，对大师博学而淡泊的品格，更对法学博世济民的胸怀感到虔敬。

伍　影响力投资的律师实务课

小流汇聚也能变成横扫既定秩序的强大洪流。

——罗伯特·肯尼迪（Robert Kennedy）

法学院有门课叫作《影响力投资的律师实务》（Impact Investment Lawyering），研究微型金融、小额信贷和社会企业问题。

众多国家在发展过程中不断面临来自环境、资源等诸多方面的社会问题。这些问题在后金融危机时代格外显著。当今世界所呈现的社会问题已经不是光靠政府、慈善人士所能解决的，欧美许多国家正在兴起一种新的结合商业力量和慈善目的的投资模式，即近年来逐渐受到关注的社会影响力投资（social impact investment）。

社会影响力投资者试图同时创造出正面的影响以及多样化的

经济回报，既能管理又能衡量自己所创造的综合价值。综合价值既包括经济价值，也包括社会和环境成分的价值。

一节课上，老师请来了商学院的教授，就社会企业的创业和挑战做报告。结合法学院同学的思考，对企业组织形态的选择、后期转型等问题做了深入探讨。如何在社会企业架构中设置对抗恶意收购的保护伞，社会企业转型（IPO或并购）后遇到的问题，管理层信托义务、商业判断规则、露华浓规则是否适用等，都是有趣的讨论点。

结合证券法和并购课上的内容，并购是否构成实质性（material）事项需要披露，何时算是实质性事项，如何披露，恶意收购的限制、投标报价（tender offer）的辨析，反腐败法案和小额信贷对解决贫困问题的影响，还有中国的非营利组织立法及对传统公司法的挑战等，都需要进一步关注。

我不想就这些专业问题进行更细致的探讨，这些交给学者们。

我想探讨的是微型金融以及社会企业，这些新兴的经济模式诞生的历史意义，以及我们的应对。

微型金融是指专门向小型和微型企业及中低收入群体提供小额度、可持续的金融产品和服务的活动。在过去的30年中，作为传统正规金融体系的有益补充，微型金融不仅帮助贫困家庭获得金融服务，而且支持了无法从正规金融体系中获得必要金融服务的小微企业的发展。目前，世界上数以亿计的人口能够享受到微型金融服务。

后危机时代发展微型金融有哪些特殊的意义？国际金融危机爆发后，全球经济遭受了战后第一次严重的全面萎缩。金融危机的影响可能比危机自身更加持续，更为深远。因此，以帮助贫困家庭和小微企业为己任的微型金融将在危机后持续困难的阶段为众多的草根群体和小型经济组织提供必要的支持，使其渡过难关。这样看来，微型金融对于没能在全球经济衰退之中独善其身的中国，一样具有重要的意义。

发展微型金融，一方面有助于提升中国金融业的开放程度，允许多种所有制和多种经营业态进入金融服务领域，提高民营经济、外资经济等非公有制经济在金融体系中的比重，利用竞争机制和溢出效应提升整个金融体系的创新活力和运行效率；另一方面有利于加强金融业对小微企业融资和农村金融发展等薄弱环节的支持力度，通过推动与实体经济发展相匹配的微型金融服务发展促进基础金融服务和金融设施供给的均等化，提高各类竞争性金融服务和金融公共产品的可获取性。

从一个更加宏观的层面来看，一个利于实现普惠金融理念的微型金融体系，本身就是一个经济体社会经济基础设置更加完善的标志。正因为有了诸如此类能够为社会所有群体提供服务的基础设置，当社会成员面对经济机会时，改革将可能会取得更好的效果。

历史上很多新兴市场经济体，如起初的日本，随后的亚洲四小龙以及进行改革开放的中国和其他一些东南亚国家。这些经济体之所以在过去短短的数十年间取得了为世界所瞩目的成就，在于它们一边持续地完善基础设置（包括教育、卫生、法律以及金融安排等），一边渐进式地扩大经济机会，使二者相互交织，获得螺旋式的上升。由此观之，推动包括微型金融成长在内的一系列金融转型发展，对于深化我国改革开放，提高未来经济发展质量具有潜移默化而又尤为深远的影响。

发展微型金融,要预防腐败。在微型金融领域适用反海外腐败法(FCPA),一个重要的案例是检验永利澳门度假村的慈善捐赠(Testing Wynn's Charitable giving)。在这个案例中,美国证监会(SEC)给 Wynn Resorts 写了一封信,索要约 1.35 亿美元赠品给澳门大学发展基金。证监会的要求随即被指控,Wynn 的最大股东 Kazuo Okada 提起了一个诉讼,声称这 1.35 亿美元的捐赠不合适,因为分期付款的最后一笔十年后到期,而那时 Wynn 的澳门项目证书就失效了。[①] 这个案例的结论是这笔慈善捐款违反了 FCPA,因为这个项目中的政府官员想要获取或保留业务,或取得不正当的好处。

另一个案例的主角是先灵葆雅公司(Schering-Plough),即羟甲唑啉(afrin)、开瑞坦(Claritin)、柯利西锭(Coricidin)、环丙沙星(Cipro)和其他药物的制造商。2004 年,SEC 的报告中提到,先灵葆雅的子公司捐赠给一个慈善组织——Chudow 城堡基金会(Chudow Castle Foundation)。会计账簿和记录没有准确记录这笔付款,先灵葆雅的内部风控合规部门也没有发现或阻止这笔捐赠。在 2007 年的一次会议上,美国司法部 FCPA 部门的主管 Mark 提出,这笔捐赠应当具体问题具体分析(on a case-by-case basis)。[②]

如果一个政府的决策者在一个慈善组织中任职,这是一个危险的信号。如果这个官员发放捐款,则违反了 FCPA。另一个重

---

① Testing Wynn's Charitable Giving. http://www.fcpablog.com/blog/2012/3/6/testing-wynns-charitable-giving.html.

② http://www.fcpablog.com/blog/tag/charitable-contributions.

要的问题是政府官员是否在其中获益，这个官员是否索要贿赂。如果这个官员主动索贿，则显然违反了FCPA。同样，另一个获益点是税收优惠。在许多国家，给慈善机构方便的一个重要标志是税收减免。是否追求税收优惠也是一个警告信号。如果一个慈善机构得到了税收优惠，则也有可能违反FCPA。

较之于微型金融发展更加成熟的经济体，中国的微型金融活动在市场准入、产品创新、风险管理、信贷约束等方面依然存在一定差距。如何发挥微型金融消除金融排斥的积极作用，降低微型金融的潜在风险，是摆在中国微型金融发展面前不可回避的长期性问题。

中国微型金融实践之蓝图旨在建立一个维护宏观经济稳定、缓解小微企业和贫困阶层融资困难的普惠金融体系，这一愿景实现的重要保障首推实现金融包容性发展。谈及金融包容性发展，就不能回避经济学中一个永恒的命题，即如何处理市场与政府的关系。在推进中国微型金融发展的过程中，一方面发挥社区银行等微型金融在社会网络资源和关系型金融服务上的禀赋和自生能力，实现微型金融内生性发展；另一方面需要政府在金融制度体系（如市场准入、金融监管等）、金融消费者保护、社会信用体系、金融基础设施等方面积极作为，提供与微型金融发展阶段相适应的基础设施，确保市场主体获得必要收益水平。具体来看，需要从以下几个方面推动中国微型金融发展。

孟加拉国格莱珉银行的创始人、诺贝尔和平奖获得者尤努斯教授在乔布拉村调研时发现，造成那里妇女贫困的根源不是懒惰或者缺乏技艺等个人问题，而是一个结构性问题，即缺乏购进原材料的本钱。随后，他受到启发并成为一位名副其实的"穷人银行家"。从内涵上看，贫困可以被视作能力的匮乏而不仅仅是收入的低下。由于传统的正规金融服务无法有效覆盖贫困家庭或小微企业，使得这些主体缺乏增加收入或扩大经营规模的能力。相反，通过更有效率的金融安排，改善软基础设置，可以提高小微企业或贫困家庭参与金融活动和享受金融服务的能力，进而使他们获得更好的发展机会。他创办了格莱珉银行，提供小额信贷，帮助众多人脱离贫困。尽管实行商业化运行管理，却达到了良好的社会目标：向贫穷人口提供发展机会，这就是典型的社会企业理念。

社会企业在功能上突破了营利与非营利组织之间的界限，是在现存各种组织形式的基础上，对于致力于解决社会问题的、进行着经营活动并获得收益的组织进行的一种识别。组织本身的法律地位不会因此受到影响，但是会因为获得这样一个识别性的符号而获得额外的包括税收利益在内的政策支持。

在中国，社会企业被拟定为三种形态，即社会企业（social enterprise）、社会创业公司（social startup）和公益创业公司（startup for public good）。无论何种形式，社会企业都回应了对于纯商业企业承担社会责任的过多苛求。纯商业企业与社会企业家不同，以追逐经济利益为其首要甚至唯一目标。社会企业确实秉承"双重底线"或者"三重底线"，即第一进行商业活动并获取收益，第二达成社会目标，无论是为残疾人或者长期失业者提供就业机会还是增强他们的能力，第三维护环境的永续发展和文化的完整性。

关于"无商不奸"有这样一个小故事，有一个商人卖米，其他的商人都是用小车推米，米在其上，是平整的形态，而唯独这个商人，把米汇聚起来，做了一个"尖"，看上去米更多。他由此得到了更好的收益。

在社会企业里，这个"尖"是否也要做出来？营利的目的与公益之心是否能结合，是否存在两难？

无论答案为是还是否，将这二者结合都是创举。其实，无论是微型金融还是社会企业，其根本目的都是通过商业与公益的结合，取得超越商业和公益的效益。在影响力投资领域，评估标准和政策法规框架是最核心的问题。

这些问题，也许正是法学工作者们下一步的着力点。

陆 认知科学与法律推理

在选课的时候，我就发现了一门独特的课：《认知科学与法律推理》（Cognitive Science and Legal Reasoning）。这门课与普通的法学课程很不同，非常特别，前沿领域，交叉学科。

人是如何认识和感知世界的？

科学是如何解释这种认识和感知的？

这种认识和感知，与法律有什么关系？

在有价值判断成分的法律领域，认知科学如何发挥作用？

这些问题在选课之初盘旋在我的脑海。

教授未到来时，就有传言，说她是个"疯子"，精神有些不正常，讲课云山雾罩，不知所云。

带着一丝侥幸的期待，我走进课堂。

这位年逾花甲的黑人女教授留着爆炸头，嘴唇有些厚，讲课的时候眼睛不看学生，而是半对着天花板，像是自言自语。在她仰天长望的喃喃自语里，我的思路总是难以汇聚成一个焦点。

果不其然，她就是她的传说。开学后的三四个星期里，我对这门课的唯一印象，就是两个词：隐喻（metaphor）、框架（framing）。其他的，听不懂。课前我心中的疑问，只好通过阅读文献资料，自己解答。

有次课间，我和教授交流，向她提出了自己内心的困惑。她说，你要理解，像这样一门抽象的课程，关乎思维，关乎脑科学和认知理论，确实很难懂。但你要借助一些工具，如我们课上提到的隐喻和框架分析方法，等你掌握了这些方法，能熟练应用到你在其他法律课上所学的案例时，这门课你就学懂了。

终于，大量的阅读和思索之后，就在一个早上，步入课堂的瞬间，我的思维仿佛原子弹爆炸一般。有灵感袭来的感觉，让人辛苦疲惫又激动兴奋。这门最初我认为最无聊的课，变为后来我最喜爱的课。

我们研究神经元的运动；

我们研究隐喻、框架；

我们用霍菲尔德分析方法来进行法律推理；

我们研究法官如何思考；

……

认知科学（Cognitive Science）是研究心智和认知原理的科学。认知是从脑和神经系统产生心智的过程；20世纪50年代以后，乔姆斯基的句法结构理论、米勒的认知心理学，以及纽厄尔、西蒙和明斯基的人工智能理论试图从不同学科角度揭开人类心智的奥秘，从而催生了认知科学的萌芽，并以星火燎原之势推动了认知科学的诞生。[①] 在其研究视野中，并不存在自然与社会的学科分类，至关重要的只有"问题"本身和全方位解决问题的分析工具与技术手段。[②] "认知革命的进展正在重塑诸多研究领域，有助于我们更好地理解与法律有关的问题。"[③] 它的介入，对我们认识法官的心证规律意义深远。

归根结底，认知科学是"关于人之本性的科学研究"[④]。有学者指出，"一般认为，认知科学是一门由哲学、心理学、脑科学、神经科学、计算机科学、人工智能、语言学、人类学、教育学等学科构成的交叉科学。不过，从历史上看，认知科学最早是由认知心理学和人工智能这两大主干学科构成。"[⑤]

认知科学与法律有什么关系？这要从认知科学对心智的解释谈起。认知科学对心智的解释路径有两个基点：解释目标和解释模式。如果把思维和心理过程看作表征和计算的过程，理解认知行为有逻辑、规则、概念、表象（image）、类比和联结六条不同的进路。认知理论认为，心灵中包含的表征有逻辑命题、概念、

[①] 学界普遍认为，认知科学诞生的标志有三个：一是1977年《认知科学》期刊创刊；二是1978年斯隆报告（Sloan Report）论述了认知科学的技艺；三是1979年美国认知科学协会召开第一次会议。

[②] 王凌皞：《走向认知科学的法学研究——从法学与科学的关系切入》，载《法学家》2015年第5期，第14页。

[③] Goodenough, Oliver R. and Decker, Gregory J., *Why do Good People Steal Intellectual Property?* Berkman Center Research Publication.2（2008）.

[④] 刘晓力、孟伟：《认知科学前沿中的哲学问题》，金城出版社2014年版，第5页。

[⑤] 刘晓力、孟伟：《认知科学前沿中的哲学问题》，金城出版社2014年版，第3页。

意象等，而相应的思维计算活动则是表征的类比、演绎、搜索（search）、匹配（mathcing）、旋转（rotating）和检索（retrieval）的活动过程。其中，逻辑进路关注的是"为什么人们会做推理？"这对研究法律思维有极大的帮助。

课堂上，我们从隐喻（metaphor）、框架（framing）几个角度对法律概念和推理进路进行分析。

隐喻分析：虽不准确，却很直观

以杠杆收购为例。杠杆收购是指投资公司收购目标企业，以合适的价钱买下公司，通过经营使公司增值，并通过财务杠杆增加投资收益。通常投资公司只出小部分的钱，资金大部分来自银行抵押借款、机构借款和发行垃圾债券（高利率高风险债券），由被收购公司的资产和未来现金流量及收益作担保并用来还本付息。

我们用认知科学的隐喻来分析杠杆收购，会做这样的假设：例如，收购中的来自银行的抵押借款、机构借款和发行垃圾债券得来的资金，就像一大笔水流流入公司这个"容器"。还本付息的过程，就像水回流，不是一次性倾倒，而是像小溪一样缓缓流淌。出售资产获得收益，就像生成水滴，汇成这一条资金的溪流。

又如，公司法中的商业判断规则，即公司董事在做出一项商事经营判断和决策时，如果出于善意，尽到了注意义务，并获得了合理的信息根据，那么即使该项决策是错误的，董事亦可免于承担法律上的责任。因此，商事经营判断规则的实质是将董事的责任限制在一个合理的范围之内。

用认知科学方法分析，商业判断规则就像是一条"线"，客观存在，包含着善意、注意义务、合理信息根据等内涵，董事的行为如果"碰线"，就符合这个规则。

尽管这些隐喻不是最准确的，但可以从直观上帮助我们理解事物本身和概念间的联系。

框架分析：不同的框架，不同的结论

框架分析作为一种分析方法，能让我们以特定的方式过滤我们对世界的看法，特别是让生活中多维现实的一些方面比其他方面更明显。这个分析方法通过让一些信息比其他信息更显著来运转。框架分析包括四个步骤：定义问题，诊断原因，做出道德判断，提出纠正建议。

课上，我们用框架分析方法来分析 Smith v. Van Gorkom 案。1985 年，美国特拉华州高级法院在 Smith v. Van Gorkom 一案中认定公司董事在公司出售事宜上违反了勤勉义务，存在重大过失，并判决被告董事向原告股东赔偿 2300 万美元。在本案中，Horsey 法官（代表大多数意见）认为董事会应当对并购中的重大疏忽承担责任。而反对方认为，董事们有经验并且了解公司，他们做出的决策是专业的，因而不应当承担责任。

用认知科学中的框架来分析，两种不同意见是由于他们在认识过程中的不同框架。多数意见倾向归责于董事，并且对股东利好。董事是股东的代理人，这触及了一个问题：董事与股东的关系。在这个架构中，股东处于更高的地位，就像一个剧本的编剧。公司就像舞台，董事就像演员一样由股东挑选，并执行股东的决议。董事们被置于这一个情境中。他们的决策没有最大化股东的利益。

在定义上,董事在多数意见和少数意见人眼中的定义是不同的。多数意见将董事定义为股东任命并为股东服务的人员;而反对意见把董事看作独立的、有经验的、聪明的商人。

在原因诊断上,两方也有所不同。多数意见认为这个信息披露过程非正式,不完整,没有对外在环境进行合理审慎的考察,导致了董事们决策的重大疏忽。然而,少数意见认为这个决议虽然不明智,但是是公正的。

道德评价同样不同。Horsey 法官很可能基于功利主义理论,倾向于支持大多数人的意见。然而,反对方的法官,McNeilly,很可能基于康德主义,尊重个体道德的绝对命令。不同的道德标准导致不同的政策倾向性。

由于框架不同,判决也就不同。在多数法官意见的框架中,判决结果是增加董事的义务,要求董事们为其重大过失进行赔偿。因为信息匮乏,所以董事们应当承担责任。信息收集系统是基于最终的信息披露。披露机制是基于大多人的利益考量。

"我们应当为大多数人的利益而行事吗?"当这样提问的时候,思维便被置于这个框架之下,得出的结论很容易倾向于"是"。这是多数意见法官的逻辑。

与之相反,反对意见则认为董事应当因为他们的商业敏感性而受到保护。他们的决议受到商业判断规则的保护,没有不诚信的情况,不与公司冲突。这个意见更多地支持了董事的自由,并且是激励董事的。

"我们应当为职业的、具有独立决策能力的董事们考虑吗?"这个框架聚焦于人的内在理性和正直、可信度和忠诚度。当沿着这个框架思考时,得到的结论很容易是倾向于董事的。

根据 George Lakoff's 的理论，多数意见和少数意见是基于对董事和股东关系的不同隐喻而产生的。"我们是神经（元构成）的生物"，Lakoff 说，"我们的大脑从身体的其他部分获取输入。我们的身体是怎样的以及它们如何在世界上运转，构成了我们思考的不同概念。除了根植于大脑的许可，我们不能思考任何事物"。[①]

霍菲尔德分析方法（Hofeldian analysis）：一个目的，推理与决定却大相径庭

内容（Elements）	相关的（Correlatives）	相反的（Opposites）
权利（Right）	义务（Duty）	无权利（No Right）
特权或自由（Privilege or Liberty）	无权利（No Right）	义务（Duty）
能力（Power）	责任（Liability）	无能力（Disability）
豁免（Immunity）	无能力（Disability）	责任（Liability）

除了框架和隐喻，我们还用霍菲尔德分析方法分析 Van Gorkom 案。在 Van Gorkom 案中，主要的主体是 Van Gorkom，Pritzker，其他董事和股东。Van Gorkom 有权力跟公司外部的金融机构谈出售公司的事宜，意味着其他董事有义务不去干涉这个谈判。Van Gorkom 有责任将信息和定价告知董事会，意味着其他董事有权利获取信息，并做出明智的决定。如果 Van Gorkom 无能力告知其他董事，他对信托义务的纠责有豁免权。如果他有能

---

① http://en.wikipedia.org/wiki/George_Lakoff.

力但没有告知，他就有责任。除了 Van Gorkom 以外的其他董事，有权利获取充分的信息，并且有责任为了公司的最大利益遵守诚信义务以合理的信念。如果其他董事的决定符合这个标准，他们就有对信托义务纠责的豁免权。在 Van Gorkom 案中，其他董事因为缺少信息，没有决定多少控制权对于 Pritzker 是值得的，而且忽视了价格的真实价值（intrinsic value），所以没有决定价格是否合理的基础。

这些概念翻来倒去，有点绕。但很准确，也很贴切。

上述分析引出一个结论：董事们没有履行注意义务，违反了对股东的义务。然而，反对意见认为，董事们是独立且有经验的商人，他们对商业问题有基于实践经验的判断力。对于商业决策，他们有权力，并且没有责任，因此没有违反董事信托义务。通过运用霍菲尔德分析方法，每个主体的角色和行动都能有合理的解释。他们被置于一个图表（schema）中，这有助于逻辑清晰地进行框架分析。

概念的排列形成了对情境的基本理解。霍菲尔德分析提供了一种对不同主体进行分析的路径。这些都被纳入认知科学的框架中，而这正是认知科学与法律推理的关键。

框架和图表驱动着法官的大脑，使它们驶向不同的方向。这种不同的方向可以归类为公共的和个人的。这就像驾驶一辆汽车，驶向不同的目的地。由于解析架构不同，即使最终理想都是权益和公平，法官们的推理和决定也是大相径庭的。

这就是这门课上我们所学到的。

然而，与深奥而神秘的认知科学相比，上述这些分析，只是粗浅而简易的。

类推的认知科学解读

Johnson 教授在"Mind, Metaphor, Law"一文中指出，认知科学对法学的影响有三点：一是辐射性地重构典型性的分类；二是意向图式地成为具身意义和逻辑推论的基础；三是概念隐喻有助于我们在使用抽象概念和推理时延展具身认知。

由于事实，特别是作为物自体意义上的事实几乎总是具有非典型的特点，而法官只能抓住事实的主要方面，因此，所谓法律推理实际上意味着：当下案件事实与审判规范之间是否在主要方面相通，以至于可以归类到后者所指的某类事物之中。这意味着，作为法律推理两个前提的规范与事实之间的关系实质上是类推，而非涵摄。无论是大陆法系对事实与法律规范之间的类推，还是英美法系对案件事实与先例之间的类推，都不可避免地涉及类推的方法。由 Holyoak 和 Thagard 提出的多重约束模型（multiple-constraint model）能够帮助我们更好地理解类推的本质。多重约束模型包括三层内容，一是表层约束（surface-level constraint），二是结构约束（structure constraint），三是目的约束（purpose constraint）。

第一个层面表层约束适用于两个概念之间有直接的相似性的情况。比如，为了理解原子结构模型，我们以太阳系作为类比，二者的相似性是都有一个核心，而周边都围绕着一些物体。这又被称为"命题"相似性。用于法律中，如一个旅客在过夜的轮渡上丢了东西，法院判决时，有两个先例参照——一个是旅客在旅馆丢东西，而旅馆理赔；另一个是游客在火车上丢了东西，火车不负责任。在表层约束理论下，轮渡与火车的相似性是都载有旅客，并从一端驶往另一端；轮渡与旅馆的相似性是都有锁起来的独立卧室，并都有餐馆和酒吧。在表层约束中，相似性还受到"语境影响"（context effect）。如被问到瑞典、匈牙利和波兰这三个国家哪个与澳大利亚最相似？被试常选择瑞典。但是当被问到瑞典、匈牙利和挪威哪个更像澳大利亚时，被试的选择多半为匈牙利。为何会出现这样的差异？被试选择相似性的标准是什么？答案是，在第一组概念中，波兰和匈牙利有更多相似之处，如都是东欧苏联解体后的国家，瑞典就自然被置于两者之外。瑞典之所以像澳大利亚，是因为它们都属于西方资本主义世界。而在第二组选择中，瑞典和挪威拥有相似的语言并且都是斯堪的纳维亚半岛的北欧国家，因此二者更容易被分在一组，留下的匈牙利更像澳大利亚。这个实验体现出，在决策时人们的思维常受到语境影响。

利用这个规律，在轮渡案中，如果是原告方的律师，想让轮渡承担责任，就要将轮渡定义为"浮动的旅馆"（floating hotel），并多找轮渡与旅馆之间的相似性；而被告方的律师则宜找轮渡与火车之间的相似性，让轮渡接近"远航的火车"（seagoing train）。原告方的律师宜寻找旅客在大都市的有轨电车上丢了东西而电车公司没有担责的案例。反映在语境影响实验中，即举例"旅馆、火车、有轨电车"（hotel, train, trolley-car），若问哪个更接近轮渡，显然是旅馆。因为在人们的思维定式中，火车和有轨电车更相似，旅馆就被排除在外。被告方的律师则可能介绍另一个案例，一艘永久停泊的班轮上旅客行李受损而班轮承担责任。在语境影响实验中，旅馆、永久停泊的班轮、火车，哪个更像轮渡？如果是火车，则公司不必承担责任。受语境影响，人们很可能认为旅馆和永久停泊的班轮更相似，而火车就被排除在外。律师可以运用这样的规律影响法官的判断，而法官的思维也时常受到语境的影响。

第二个层面结构约束适用于两个概念内部都有多个要点的结构。如原子核对围绕其周边的电子有"吸引力"，电子围绕原子核"转动"，这与太阳系中的太阳对行星的吸引和行星围绕太阳的转动相似。在轮渡案中，无论解读为"浮动的旅馆"还是"远航的火车"都有理由，也都有内在的关系使之与轮渡本身建立相似性。Dedre Gentner 教授提出了系统性（systematicity）来解决结构约束中的两难问题，即系统性导致"在解读类推时我们对一致性和演绎力量的法律选择"。系统性使得人们在法律推理时更倾向于选择有序的、内在联系更有逻辑的概念。例如，轮渡案中，如果我们更换火车案例的一个细节，即火车不承担责任不是基于财产法，而是由于火车公司属于国企而被免责。在轮渡案中，更高度相关、系统性的是"财产法中担责"（liable in bailment law）；而在新火车案中更高度相关、具备系统性的是"公法中不担责"（not liable in public law）。显而易见，在类比轮渡案和新火车案时，忽略其他相似性，人们考量高度相关性时就不会参照新火车案。

第三个层面是目的约束。在轮渡案中，原告方希望轮渡担责，就试图避开火车类比及相关的案例，而倾向选择旅馆案例。这种倾向性就是目的约束。对法官而言，法律现实主义和批判主义法学就主张法官不仅根据法律判案，也在裁判中受到其他因素的影响，进行价值判断。

主观程序正义这一术语和论题是由法学与社会心理学合作产生的，是法学教授沃克尔和社会心理学学者蒂堡合作的产物，融合了"情"与"义"的态度。态度是对某种事物的整体评价，是建立在认知、情感反应、行为意向以及过去行为基础上的评价倾向性，可以影响甚至改变我们的认知、情感、行为反应以及未来的行为意向和行为本身。态度是一套整体反应系统，同时具有"标牌性价值"（badge value），在某种意义上可以说，我们是由所有的态度所组成的。因此，学者们在很多不同领域，"探索情感反应与法律政策之间的复杂关系。如果这一努力能够成功的话，它将会微妙地改变法律文化。"

认知科学如何作用于法官思维

认知科学对抉择过程中个体与环境相互作用的研究让我们更好地理解文化对法官决策的影响。脑成像技术研究表明，前扣带回、眶额皮层以及腹内侧前额叶是参与决策过程的脑区。这些脑区神经活动的模式取决于决策是遵从主体的意志还是追随他人的引导。宗教信仰作为一种文化也对自我参照加工的神经机制产生一定的影响。基督教强调上帝的旨意在对人的判断中的重要性，使得基督徒在自我参照加工中更多地使用从他人角度出发的评价过程，从而导致主要是背内侧前额叶参与自我参照加工。参与自我加工的神经机制也受短时间的心理学启动的影响。例如，大脑右侧额叶参与自我面孔识别的神经活动在强调东方互依型自我的短暂启动后会被显著削弱。

研究者（Ochsner & Phelps，2007）认为，杏仁核、下丘脑、腹侧纹状体控制人的情绪，这部分的兴奋情况决定着人的情绪，而情绪和认知共同控制人的行为。情绪表现的各种状态与大脑不同部位的兴奋程度有着直接的联系，从而影响人的行为。近期一项研究表明，刺激大脑腹内侧前额皮层，对人们在法律方面的决策有着重要的影响。这些研究都说明，法官的决策并不绝对由于逻辑，而是与决策中被激活的脑区有关。

中国几千年的小农经济形成了中国复杂但组织性极强的家族制度，这种家族制度要讲究伦理结构才能维持，儒家思想的"孝"就是这种伦理结构的核心。正如"孝经"所言，中国人是他父母的儿子而不是他自己。中国法官的认知深受中国传统文化的影响。因此，在借鉴西方判例的时候，不可忽视我们的文化、思维方式与西方文化和西方人思维方式的差异。

在中国，我们要寻找一种符合认知规律、回应现实诉求的裁判文书说理范式，审视案件中的伦理情境，正视法治中的伦理命题。正如斯丹木拉与庞德指出的，"法律条文和判决好似法律团体的理想图画，它们不是毫无拘束幻想的乌托邦，而是对我们四周实际生活关系作实用并有效的规划及重新规划。如此，关键在于人的生活"。

这正回应了塞尔苏斯之言：Jus est ars boni et aequi（法律是善良和公正的艺术）。

如艾萨克·牛顿所指出的："真理总是以简洁质朴的形式而不是以复杂的头晕目眩的方式展现在我们面前。虽然这个世界上我们所能看见的事物千姿百态，但从哲学的视角究其本质是相当简明的，也正因如此，事物才更好地被理解。"自库恩的范式革命后，科学认识被理解为主体与客体之间的相对关系，非必然的观念和复数正确性的观念越来越成为主流，这与法律思维方式是相通的。

年轻的认知科学与古老法学的联姻是一个契机，它为"中国法学向何处去"这一宏大命题提供了兼收并蓄的方法论指引。循着认知科学引领的"第三条道路",不仅能克服社科法学方法对法的解构性取向,也能突破法教义学的制度约束和应用局限。认知科学和智能技术在未来将发挥其作为理智的科学文化赋予人类社会改造自身的力量,这是目前我们还无法想象和预测的;但人类同时需要发挥情感的人文文化的平衡力量,这正是东方文化的优势和魅力所在——浪漫的沉静,可以平衡和修正理智的"冷漠"可能造成的祛魅、失衡和危险。天道酬勤,大道至简,正道沧桑,期冀中国法学界能在视域融合的基础上构建具有国际融通力的中国特色法学话语体系,自信、从容地迎接新时代的曙光。

特别提示:融入学习生活要注意的事项

1. 熟悉课程大纲。大多数老师有授课的大纲(Syllabus),第一节课介绍课程内容时通常会讲到这个大纲,包括上课时间和进度安排,会细致地将每节课的阅读页数范围都标明。这份大纲一般课后会发给大家。要将这份大纲打印出来,对照其中的时间节点,认真做好准备。

2. 提前预习课程。提前预习非常重要,因为老师讲授的内容一般是规定范围内的,完成老师布置的课前预习作业,在上课时就能相对从容,而且有利于将知识当堂理解消化。

3. 上课认真听讲。课堂节奏通常较快,有的老师语速快,有的老师有口音。要积极面对,发挥主动性,不要在听不懂的情况下放弃,而要努力听懂大意。必要时可以带一只录音笔,课下再回顾。

4. 积极参与互动。上课的问答环节要积极参与，有时老师会找志愿者主动作答，而这种回答经常会被算作课堂表现进行加分。如果是被点名提问，也要从容应对。

5. 按时完成作业。课后一般都有作业和思考题，要认真作答，消化所学内容，并及时整理问题，深入思考，疑难问题找老师咨询。

6. 提前预约老师。美国的老师通常都有办公时间（Office hour），如果需要请教问题，可以提前跟老师预约，在老师有空的课余时间进行问题集中解答。

7. 关注课程通知。每个课程在电脑系统中都有自己的分栏，课前和课后老师会发布一些消息，要及时关注这些通知，妥善安排学业。

第四章
课堂之外的时光

壹 与独木舟的约会

临行前，我们就听闻了 Leo 的经历。在休伦河乘独木舟时，船身倾覆，Leo 和他的伙伴们不幸落水，几个人费了九牛二虎之力才挣扎着上了岸。这个故事让我们在划船之前就心有余悸，然而从未划过独木舟的我们又忍不住内心的蠢蠢欲动：若不覆舟，在秋日的阳光下享受清风与美景，该是如何惬意！

搭着朋友的轿车来到河边眺望休伦河，只见开阔的水面上波光粼粼，映着天光云影，树影在阳光下婆娑。眼前的河像是一块平坦的画布，没有立体的感受，只有绚丽的布景静静地铺开。几只洁白的天鹅在水面上嬉戏，风也缱绻，云也多情，阳光灿烂无边。暖暖的阳光下清新的绿叶上跃动着鲜活的生命，河边一簇簇野花金灿灿地盛开，旖旎秋景美不胜收。

想起明人洪丞的《断桥闲望》："闲作步上断桥头，到眼无穷胜景收。细柳织烟丝易逝，青屏拂鸟影难留。斜拖一道裙腰绕，横着千寻境面浮。投者近来忘俗累，眷怀逋客旧风流。"

根据自由组合的名单，我和 Zoe、Steve 分到了一条船上。他们都是法学院二年级的 JD 学生。独木舟管理处的工作人员拖着沉重的船身，将它置于水中，又分了三支划桨给我们。经过一番商议，我们决定由 Steve 打头阵，在船前掌舵；我坐在中间，稳定船的重心；Zoe 断后，控制船的角度和速度。三个人兴高采烈地踏上摇摇晃晃的独木舟，开始了碧波之行。

休伦河发源于密歇根州东南部平原各处的湿地，汇小溪小流成河，曲曲弯弯，宛如一条蛇，盘行贯穿于大地，连接着众多湖泊，最后流入五大湖之一的伊利湖。它长达210千米，蜿蜒流经安娜堡市。河畔是安娜堡人晨跑、漫步、休闲、娱乐的场所。这一带小溪流经绿草覆盖的土地，树木成荫。每到周末，附近社区的居民三三两两地走进公园，在蓝天下，或是躺在草地上，沉没在可以蔽日的森林深处，毫不费力、不动声色地将自己遮掩起来，与公园融为一体。或是休闲地坐在白色游椅上，享受阳光与绿茵，尽情挥洒浪漫。

城市里的奢华与喧闹在这里变成了零散的片段。对安娜堡人来说，休伦河是繁华落尽的惬意归处，对莘莘学子而言，这河流又因常常举行独木舟这一竞技运动而充满了创意和活力。

休伦河上洁白的天鹅

几位同学正划着独木舟

划行的过程既艰辛又充满乐趣。原本大家约定的是场独木舟竞赛，划着划着，却变了味道，成了一场轻松的游戏。Steve 是个经验丰富的舵手，高瞻远瞩，总能在大方向上把握得当。而 Zoe 是个优秀的船桨手，划行中带出力道与顿挫感。我在中间负责平衡，时而往左边划，时而往右边划。

小舟离岸，渐行渐远。整条岸堤上种了一排柳树，奇怪的是这个季节柳树居然还是翠绿的颜色，没有一丝秋天的悲凉。而柳树后面是大片的梧桐，红色的梧桐。凉风扑面，眼前的景色如绚丽的油画一般静静地展现在我的面前，景色醉人。

Steve 坐在船头，我和 Zoe 惬意地划桨，两旁是丛生的芦苇，中间是悠长又狭窄的水道，小舟就在这水道中缓缓前行。两旁的队友们渐行渐远，慢慢消失在芦苇丛中，只剩下我们一船在曲曲折折的碧波上荡漾，空气中弥漫着淡淡的芦苇的香气。渐渐地，尘世间的声音仿佛都消失了，耳边听到的是心里放大了几十倍的声音，周围的一切都以一种自由而和谐的姿态从身边划过。阳光在岸上的一排排树中游走，水面泛着粼粼波光，连鱼鹰都静立在枝头，不忍打破这份宁静。树枝树杈半浸入水中，有时会扰到我们行船，而 Steve 总能稳健地绕开这些"险滩暗礁"。凉风吹来，空气中充满了树木原始而粗犷的味道。

行船期间，Steve 和 Zoe 与我谈起美国独木舟运动的来由。

"这些年，美国人对独木舟产生了浓厚兴趣，全国出现了数以千计独木舟俱乐部，正式会员达百万人之众，偶尔为之的消遣者更是数不胜数。真是很奇妙。"Zoe 说。

"是的，虽然有'海上宫殿'般的超级游轮，也有形形色色时速近 200 千米的摩托赛艇，还有多彩缤纷、小巧玲珑的健身风帆，却有越来越多的美国人痴迷于这种古老又简陋的水上交通工具———独木舟。"Steve 接着说。

"夏秋之交，无论在急流汹涌的大河，还是在林间蜿蜒穿行的小溪，抑或是波浪滔天的远海，到处都可以看见'当代鲁宾逊'们驾着独木舟悠然自得的身影。有些是一时消遣，有些则是专职爱好者。男女老幼都有。"Zoe 说。

"嗯，独木舟训练班也是近几年的热门，专门向初学者传授一些驾驶独木舟的基本技巧以及遇见危急情况时的应变方法，与独木舟运动相关的商品，如独木舟运动服，专供'孤胆英雄'远征之用的压缩干粮以及袖珍铁锚等，也开始充斥市场。"Steve 说。

"美国还出现了不少或专业或业余的独木舟设计师——正是在他们的努力下，目前热门的独木舟样式和型号多得令人眼花缭乱：既有仅重 20 千克、供单人乘坐的轻型独木舟，也有配备电子通信设备和卫星救生装置的高科技独木舟，甚至还有装潢美观、色彩艳丽、专供新人使用的'蜜月独木舟'……"Zoe 说。

"独木舟的兴起，是不是因为它蕴含的冒险志趣暗合了当代美国人乐于追求刺激的心理？"我问道。

"可以这么理解，"Steve 说，"当代美国人，特别是年轻人，喜欢强调自我，在水天一色的大海上，在寥无人迹的河流中，孤身一人驾着独木舟优哉游哉，完全是靠自身的力量和智慧。独木舟运动能培养人的勇气，锻炼人的意志。"

"我曾经在暑假独自驾着独木舟旅行一月后平安回归，那是我第一次感到真正认识了自我！"Zoe 回忆着她的经历。

"独木舟运动还很省钱。只需一双手、一支桨，整个夏天就属于你了。"Steve 边划桨边说。

"独木舟运动男女老少皆宜，"Zoe 说，"驾驶独木舟比游泳或骑车都要简单，实际上跟走路一样轻松容易。"

"其实独木舟很不容易翻船，而且即便翻了只要再翻正便是；此外，即便舱中全部进水它也不会沉到水底，只是在水面漂浮，因此相对而言也很安全。"她边扶正歪掉的帽子边说。

"独木舟运动既可激流勇进培养拼搏精神，也可随波逐流放松神经，同时还可饱赏湖光山色增长见识……"Steve 回过头来，认真地对我说。

"其实，独木舟运动的最大优点是环保，这恰恰跟赛车等运动项目不同，说它是'超级绿色运动'也不为过。"Zoe 说。

十月的天气忽冷忽热，变化无常。刚刚还是阳光明媚，转眼间太阳隐去了笑容，阴云驾着马车飞驰而来。原本晴朗的天空突然被盖上了黑色的幕布。天空中布满了钢铁色的云。远方的云是白色的，靠近中心的地方颜色却变深，凝聚着深紫色的暴怒云团，仿佛一声怒吼就会天崩地裂。空气中弥漫着生锈的味道，仿佛有某种力量在挣扎。这反抗越来越激烈，随着浓云一点点压下来，我感到了一种窒息的压迫感。树林像发起的面团一样，这边鼓起来，那边又陷下去。所有的树都在狂风的咆哮中瑟瑟发抖，想要躲藏却又动弹不得。

太阳朦朦胧胧的，时有时无，河面上时而泛起波光时而淡去光晕。但过了不一会儿，天空渐渐地像拉开了帷幕，太阳又灿然登场了。

船沿着水路驶出芦苇荡，队友们的船只又汇聚在一起了，仿佛在画境中畅游一番，真乃"苇堵渠尽疑无路，竹篙一点又一天。只闻笑语不见人，蒲苇深处有人烟。"

结束了一天的划船之旅，天色已晚，余霞散绮。在暮色之中，站在奔流的河水边，感受着白驹过隙的时间，凉风拂面，恍惚之间，已不知身在何处。

回校的路上，回味一日的独木舟之旅，欢欣之余，不禁反思。我想起在国内看到的一篇报道，介绍距今 8000 年历史的跨湖桥独木舟及相关遗迹。跨湖桥被专家认定是我国迄今发现的最早的独木舟，也是世界上发现的最早独木舟加工现场，对研究人类水上交通史、造船史具有极其重要的价值。它的发现证明了中国船舶起源于独木舟，有力地证实了中国的船舶制造业不仅在当今处于世界领先地位，而且在新石器时代早期就处于领先地位。

尽管如此，中国的独木舟运动却没有像在美国一样兴起，我想这与中国的城市规划中缺少"城市森林"有关。在很多人的印象里，伦敦、纽约、多伦多是现代化的大都市，殊不知，在高楼林立中却也满眼郁郁葱葱，一片片宛若世外桃源的森林就藏匿在繁华闹市之中……

早在 20 世纪 60 年代，美国和加拿大就已经提出"森林城市"概念，今日国外很多国家也将城市森林的建设理念和经验纳入规划中，城市森林不仅改善了居民的居住环境，也成为当地知名的旅游资源。例如，纽约的中央公园就坐落在摩登现代的曼哈顿。它是一个完全以园林学为设计准则建立的城市公园，很多住宅项目干脆就建在公园周边。纽约客们走出家门或者办公室，就可以轻而易举融入绿色自然之中。公园内有上万种的鸟类栖息，它们更是这里的主人。

密歇根的休伦河等景区也镶嵌在小城之内。密歇根的天然环境造就了这一片保持原始风貌，由混合林和丘陵草地组成的天然林。休伦河畔的风景是《国家地理》杂志推荐的美国怡人盛景之一，鸟语花香，可以划独木舟或者骑自行车，或者约三五知己曲水流觞。对身居北京、上海等大城市的中国人来说，踏青是周末的一顿奢华大餐，而且要伴随着出城塞车的煎熬；而对密歇根人来说，连徒步都不过是午后随手拈来的甜点。

然而，这些森林不是一天建成的，尤其是在寸土寸金的国际化大都市里。法律和政策的保障起了至关重要的作用。当年伦敦的海德公园、纽约的中央公园也曾被无数开发商觊觎。英国 1938 年颁布绿带法，是实行法制城市绿化最早的国家。该法规定，在伦敦周围保留宽 13~24 千米的绿带，在此范围内不准建工厂和住宅。德国科隆 100 多年来始终把绿地作为城市的骨架进行城市规划和建设。而日本 1962 年制定保护树木法，1973 年公布城市绿地保护法，规定工厂、医院、学校中绿地应占总面积的 20%~30%。

国外城市森林的几十年发展过程能给中国的城市规划带来许多经验，而由于自然环境和地势地貌的不同，只能取其精华，不能模仿照搬。在公共基础设施建设和民间体育运动倡导方面，我们要向美国借鉴的还有很多。

求法，无处不可求，无处没有法，无处不是法。

求美，亦无处不是美。

关键是我们的初心是想求得什么法？什么才是美？

与独木舟的约会，是在密歇根留学时的一次愉悦之旅。

贰 加油，密歇根！

游戏的目的是去占领对方的防守区域。橄榄球队侵入他人地界，并在侵入区来回传球跑动，直至推进到"达阵区"（位于底线与得分线之间10码宽的得分区域）完成征服。进球得分就是带着仪式性的目的，带着橄榄球进入属于对手的最神圣的区域，他们最深处的圣殿……它不仅戏剧化地表现了创造物的神秘，而且揭开了美国出身于武力侵占土地和定居点的神秘。在某种意义上，橄榄球是美国边疆精神的当代"运动秀"。

——约瑟夫·L.普里斯：《一季又一季》

Regan老师曾对我们说，来密歇根，无论如何，都要去观看一次橄榄球比赛（Football Game，美式足球）。至于为什么，他说，"When you watch it, you know."（当你看过，你就知道了。）

听从他的建议，我和几个法学院的朋友相约，在网上购买了球票，一起去看球。在法律人俱乐部等候球赛，我们开了瓶香槟，吃喝聊天，脸上画了缤纷的脸谱，彻头彻尾地做了回忠实的密歇根橄榄球粉丝。

橄榄球在美国也叫美式足球或烤盘足球，18世纪中期由英式橄榄球演变而来，现早已超越棒球和篮球，成为美国最受欢迎的运动。它是一种冲撞型的高强度的体能运动，只在男性中开展。训练及比赛时为了特别保护球员，减少创伤，球员们都须戴上特制加垫的塑胶头盔、牙托、护肩、护臀及护膝或手套，一套装备需花费几百美元。运动目的是要把球带到对手的"达阵区"得分，主要用持球或抛球两种方式。得分方法主要有持球越过底线，抛球给在底线后的队友，或把放在地上的球踢过两只门柱中间"打门"。比赛结束时得分较多的一队胜出。

在大学中进行的橄榄球赛成为美国大学的一道风景甚至是标志。虽然不像国家橄榄球联盟（NFL）那样爆棚，但在地方还是非常叫座。密歇根大学球队战绩良好，偌大的体育场经常所有门票售罄。

临近开场时分，我们来到密歇根体育场（Michigan Stadium）。密歇根体育场是世界上最大的校园球场，是密歇根大学在全国大学体育协会（NCAA，National Collegiate Athletic Association）的橄榄球队——狼獾队（Wolverines）的主场，2010年扩建以后观众容量超过11万人，超过了宾夕法尼亚州立大学的海狸大球场（Beaver Stadium，或称毕佛大球场）和得克萨斯大学的长角牛体育场（Longhorn Stadium），成了西半球最大的球场以及世界上第三大的室外球场。如果算上所有的体育设施（包括赛车赛道以及赛马场等），密歇根体育场的大小在世界排名第31位。由于密歇根大学橄榄球队是一支劲旅，再加上巨大的观众容量以及热烈的主场气氛，这座球场成了美国大学生体育联赛里著名的魔鬼主场，大家亲切地称其为"大房子"（The Big House）。

那晚盛况空前，密歇根大学对阵圣母大学（Nortre Dame University）。

橄榄球：在充满危险的荒原中即兴发明与创造文明的人们举行的一场关于征服的仪式

如果您看过橄榄球，就会感叹，这比赛是一场充满暴力的运动，像极了打群架。开场虽然密歇根队拼抢很凶，凭借个人能力的突破几度造成致命威胁，但圣母大学钢筋水泥般的防线还是无懈可击。另外，还有几次有威胁的进攻险些得分，那遗憾的错过令人扼腕叹息。

比赛场面波澜壮阔，防守阵型整齐严密，球员们"盔甲"鲜明，各司其职。激烈的碰撞，迅猛的冲锋，精准的"轰炸"，凶狠的拦截，为每一英尺甚至每一英寸的推进而拼尽全力，为每一分钟甚至每一秒钟的控制而殚精竭虑，拼死相争……

一起看球的时候，Linda 告诉我，美国人最引以为豪的橄榄球运动其实并非源于美国，而是发生于 1823 年英格兰的一所名叫 Rugby 的学校。当时学校正在举行一场足球比赛，一位名叫威廉·韦布·埃利斯（William Webb Ellis）的 16 岁男孩因比分落后而一时情急抱起足球冲向对方球门，就这样在英格兰诞生了橄榄球运动：Rugby Football。后来的一块纪念碑这样说，"这是一种对规则的巧妙的忽视"。埃利斯违背了这项古老运动的精神，并引起了同学们的愤怒抗议。而这"叛逆又不守常规"的橄榄球两百年来一直默默无闻，最后却在北美盛行开来。或许就是因为美国人骨子里渴望标新立异的性格，才使得橄榄球有了新的立足之地，成了独特的美式文化之一。

密歇根大学体育场：美国大学生体育联赛里著名的魔鬼主场，大家亲切地称其为"大房子"（The Big House）

第四章 课堂之外的时光

她一边看球，一边给我讲解橄榄球规则。橄榄球的比赛场地长100码（约90米），宽33码（约30米）。球场两长边为边线（side line），两短边为得分线（goal line）。得分线后方还有大概10~20码的达阵区。

比赛时，双方各上场11名队员。持球一方发起进攻即进攻方，另一方则为防守方。比赛分为4节，每节15分钟。

进攻方必须在4次进攻后前进10码以上。每完成10码，则重新开始一轮4次进攻。如果在4次进攻后，进攻方不能有效地前进10码以上，攻防转换。原防守方从原进攻方4次进攻后死球所在的位置开始反攻。

那么，球队如何得分呢？基本上有两种方式，如果进攻方向前推进到离达阵区较近的距离，但又担心完成第4次进攻后不能推进10码，那么他们可以在第4次进攻时选择射门（field goal），射手（优秀射手的射门距离大约在40~50码）将球最终踢进球门，则可得3分。不过，更多的球队在有机会的情况下更喜欢达阵得分或者触地得分（touchdown），即进攻方最终将球带入对方的达阵区（end zones），这样可以得6分，同时还可以获得一次在对方端线附近射门的机会，这样可以再加1分，所以通常来说一次达阵可以收获7分。

说起来轻松，实际上橄榄球赛的球队很特殊，虽上场的球员攻守双方各11名，但一个队所需球员最多可达百十人之多。而在比赛中上场的22名球员，全身武装、尖声嘶喊、贴身逼抢、横冲直撞，比赛中的反攻、截断、投掷、传递、争抢、进攻等对抗性很强，也非常激烈。橄榄球不像篮球那样，主要用来"打"；也不像足球那样，主要用来"踢"；它可打、可踢、可抱、可夺、

· 113 ·

可投。它是现代的、文明的，又是原始的、野蛮的。无所顾忌，无所不用其极。每一个球员需要有快速的奔跑、惊人的技巧和充满智慧的排兵布阵、忘我的团队协作精神及个人孤军奋战的勇气。

Linda告诉我，一支橄榄球队中大体划分为三类角色：一类是进攻人员；一类是防守人员；再一类是特别人员。两支队伍比赛的时候一支先派进攻队员进攻，另一支派防守队员防守，直至进攻队连续4次进攻无法前进10码或进攻队成功进球，双方互换角色，派上另一队人员。每次双方各有11个球员上场。

橄榄球比赛就像一场战争，在实力相当的情况下，战争的成败在很大程度上取决于团队精神和集体协作。橄榄球的不同位置对球员身体条件的要求都不同：进攻锋线上的球员体重高达300磅（约136千克），却依然身手矫健灵活；外接手速度和弹跳超人，跑卫步法敏捷并具有超强的抗打击力；四分卫臂力超强且聪敏过人。这么多身体素质出众却体形迥异的队员在场上分工协作，充分体现了人类体能、力量和速度的最高点。

值得一提的是，橄榄球赛所要求的组织力和团队协作力令人称奇。因为每支橄榄球队都人数众多，而每个人都有各自的位置，每个位置的表现都对一场比赛的胜负有重要的意义。某些位置的人在场上前前后后加起来只能停留1分钟却可能因一个动作的偏差而影响一场比赛的结果，某些位置的人可能永远触碰不到球却在保证队友顺利传球的过程中发挥了关键作用。

高强度和快节奏使橄榄球富于时代感。橄榄球比赛有很多的规则和策略，这种复杂度增加了比赛的趣味性和未知度。比如，在比赛中你可以经常见到"调虎离山计""声东击西计""伪犯规拖时间计"等，而每支队伍各有不同的特点和策略，再强的队伍也有不可小视的敌手。所以，每年的总决赛你总能看到不同的队伍站在赛场上拼胜负。再有，因为橄榄球赛分数的设定，也让橄榄球和NBA比赛一样，很多时候不到最后一秒，你永远不知道谁是赢家，尽管橄榄球场几乎和足球场一般大。

Linda说，到19世纪末20世纪初，在篮球职业化后很长一段时期内，橄榄球依然是一项由"学生运动员"进行的业余运动。大学橄榄球发展为美国中产阶级最欢迎的运动项目，虽然因其赛季在秋季而不会与棒球直接竞争。当足球成功地征服了欧洲大陆和拉丁美洲时，橄榄球在美国却迅速地从东海岸的名牌大学传播开来，占领了美国各地的大学和中学。据说某些中学精英球员可以"特惠"进入美国名牌大学。

Linda告诉我，据她观察，橄榄球在美国大学享有的特权，突显了此项运动前40年中所表现出的中产阶级性质。大学橄榄球在美国中产阶级文化中取得了如此重要的支配地位，以致它成功地排挤了职业比赛和足球，特别是在1920年全国橄榄球联盟成立以后。那些明显的职业比赛起源于美国煤钢地带这类文化边缘地区如匹兹堡，并很快传播到俄亥俄州等工业地区及芝加哥附近的肉类加工城镇。直到20世纪40年代末，大学毕业生（至少是有大学经历的球员）才开始成为职业橄榄球员的主体。直到20世纪50年代末，职业比赛在受欢迎程度方面才赶上并超过了大学橄榄球。20世纪60年代以来，职业橄榄球已经成为最受欢迎的美国群众性体育运动。

"大学橄榄球之所以如此受欢迎，也与其本身的经济性质有关，"Linda说，"当你在电视上看到这些没有工资的球员在场上的拼劲超过那些年薪千万的 NBA 大牌后，你的心自然会向大学橄榄球这边倾斜。"

每当赢球得了分，侧边乐队鼓号震天响，上万观众欢声雷动。我们高唱着密歇根的校歌，挥舞着拳头，仿佛要打倒一切敌对势力……

我们转动着双臂，身体左右摇晃，仿佛要融化在这片金蓝色的海洋里……

中场休息时，忽见场上仪仗队隆重升起星条旗，二三十位绅士风度翩翩，西服革履，挽着盛装手捧鲜花的淑女，一对一对缓缓上场，并排成两长列，好像进行什么表彰或评选。场面又一次群情激动，掀起欢欣与鼓舞的高潮。

与我们同行的爱尔兰律师 Robbin 说，作为背井离乡之人，美国人不具有那种能够使选手的裁定意见得到信任的文化传统。暴力之所以最终能在橄榄球史中扮演中心角色，是因为美国特有的故事使比赛成为由缺乏古老文化、把自己看成在充满危险的荒原中即兴发明与创造文明的人们举行的一场关于征服的仪式。

同行的 Arthur 说，他在橄榄球中看到了创新与另类。无论是在政治、科技上的成就，还是街头文化的逆袭，美国一直被奉为先进文化和潮流的汇聚地，是全球少男少女向往之地。这个民族对标新立异文化的追捧、对新奇事物的宽容接受，成就了如今强大的美利坚。

比赛继续进行，特大屏幕照旧计分直播，记者们又端着长枪短炮摄影。两所大学之间的一场橄榄球赛，闹出了节日般的热烈气氛。

Linda 说，对球队来说，四分卫的重要性犹如球队的大脑和灵魂，他们发挥敏捷的思维、强健的体魄和敏锐的洞察力，带领球队执行战术。美国人崇尚个人英雄主义，对四分卫的崇拜就是一个典型，很多超级明星都是出自这个位置。比如，她最喜欢的橄榄球四分卫曼宁，就曾带领小马队赢得超级杯（"Super Bowl"，美国国家美式足球联盟年度冠军赛）冠军，是球迷心目中伟大的英雄。

为何一个人能决定整个队伍的输赢？能成为大众关注的焦点？这或许和美国人性格中特有的个人英雄主义情结有关。在美国人看来，真正的英雄是能以个人力量主导整件事情的领导者，所有的超级球星、科学家永远是一支球队或研究团队中发挥作用最大的那一个人。

在美国校园里，总是有很多五花八门的社团，每个社团里也总是会出现一两个领军的人物，他们大多是具有某种特长的学生，或者在某个领域表现得很出色。Linda 把这个总结为中国人常说的个人魅力、领导力。

在美国，哪怕是某些学校球场拥有超过十万个座位，就算是高中学校的球赛，也通常能吸引超过上万名观众。学校里的男同学都以参加橄榄球队为荣，而女同学则通常热衷于参加伴随赛事的啦啦队表演。橄榄球队和啦啦队是美国校园最受欢迎的学生团体，也成为一种独特而普遍的文化现象。

或许要了解一个国家、一个民族，体育运动就是最好的切入点，就像美国人对美式橄榄球的追捧，其实就是对美利坚民族性格的解读。

体育竞技的背后其实是民族精神的较量。作为民族文化中十分重要的组成部分，民众对体育运动的追捧更像是一种民族性格的集中体现，网球的优美、篮球的激情、橄榄球的狂野……

"Go！Blue！"（"加油！密歇根！"）

"Go Blue！！"

"Go Blue！！！"

震天响的口号声把我们带回赛场。

临近结束了，密歇根还是以28分落后于圣母大学的31分。

最后一分钟，拼抢变得异常激烈。轮到密歇根进攻了。就在最后30秒，所有人的目光都顺着足球划过的弧线缓缓地移动。所有的防守队员一时间都呆若木鸡。防守队员四肢抻开，像是平铺在门前的壁画，目瞪口呆，像是悬挂在半空的雕像。

皮球微微打着转，微笑着在旋风中展翅飞翔。风在这一刻变得轻柔舒爽。

那一只轻盈而又沉重无比的橄榄球，轻轻地掠过痛苦的防守队员已经僵硬的手臂，小心地避开前方冰冷的被称为守护神的底线，灵巧地奔着球门飞去。飞向那个梦想开始的地方，那个伤痛终结的地方。

有一秒钟，全场悄然无声，只听见皮球蹭落地面时的一声轻响。

防守队员直挺挺地摔在地上。密大队员晃动脑袋大吼着奔向场边，队员们激动地扑向他，拥抱他，拍打他；密歇根球迷沸腾了，欢呼，雀跃，高歌，狂喜。

与之形成鲜明的对比，全场的圣母大学球迷默默无语，静静发呆，神情沮丧。

进球的瞬间，我们已经没办法平静下来。如履薄冰地等待了

79 分 30 秒，密歇根终于在最后时刻打入了制胜的进球！

拥抱喜悦。

这一晚属于密歇根橄榄球队。礼花绽放，欢声雷动，所有的队员和教练拥抱在一起。

一路拥着人群回来，依稀还能看到高空中悬浮的"Goodyear"（"好年景"）飞行气球，满街可见黄色的密歇根球衣，听到响彻高空的"Go Blue！"呐喊口号，团体合唱的校歌，感受迎面而来的击掌欢庆。在这个密歇根的传统节日里，无论男女老幼都融化在足球的海洋，星光闪耀，激情燃烧。所有的光荣与梦想，伤痛与汗水都在火树银花中绽放。

为什么美国人狂爱橄榄球？一个小小的橄榄形皮球有何魅力，引得举国上下欢腾如斯？也许，橄榄球正是美国精神的象征，昭示着美国人血液中坚毅、特立独行的民族性格。

叁 在美国考驾照

都说美国是车轮上国家，在美国不会开车，着实不方便。

虽然有公交、校车等公共交通工具，但由于耗时长、效率低，大家还是偏好自驾。中国国内的驾照在密歇根州不能适用，想要在密歇根开车，首先要通过当地的驾照考试。

而且，在美国 16 周岁以上的公民几乎人人都有驾驶执照（driver license），都会开车。因而驾驶执照在美国不仅仅是开车的本子，更是一种广泛使用的身份证件。美国有效的身份证件有很多种，驾照、护照、绿卡、社会安全卡、ID 卡等，类似中国的身份证。但社会最接受的却是驾驶执照。无论看病，开设银行账号，去法庭，找工作，有了驾驶执照很方便。所以留学美国或旅居美国，申请一本驾驶执照会给我们的生活和工作带来很大方便。

对于是否要考驾照，我和筱燃纠结了一晚，最后决定，考!

在学校的迎新会上，我们每人都拿到了一本介绍密歇根交通规则的书，名字叫"How to drive a car in Michigan"(《怎样在密歇根开车》)。复习笔试内容用了一晚的时间。第二天，我热情饱满又心怀忐忑地来到了交通规则考场。

驾照考试的理论考试有四十题，最多可以错十道。考试是用2B铅笔涂写答题卡，当场有政府工作人员给批改，10分钟之内即出成绩。

不多不少，我错了十道。

过了!

走出 Michigan Union 的大楼，风轻云淡，阳光明媚。

理论考试通过后，检查视力，照相，按手印。没有驾驶经验的人需要持有政府开出的练车"许可证"。有了练车的允许证后不能单独开车，要有人陪着才能上路，否则属于违法。经过一段时间的练习，根据每个州的规定（如有的州要求30天，有的州没有时间要求），可以预约路考。只有通过了路考，才能自己上路，也就是完成了申请驾驶执照的全部手续。

我们接下来要做的是报名驾校或请人陪练。陪练需要一位25岁以上、驾龄一年以上的司机，不必是专业驾驶教师。在取得许可的一段时间之内，可以参加考试。至于在这段时间内，有多少时间是在练习，无人过问。另外，副驾驶上虽然坐着所谓的

"师傅"，但是他无法控制车辆，脚下没有制动踏板，这一点不如中国安全。

密歇根有许多练车的去处，学校给推荐了几个大的陪练机构，但收费都比较昂贵。我想起了孔宇，他来密歇根一年有余，有驾照，也有车。幸运的是，他这段时间刚好有空。

第一节练习课是在一个红枫遍地的午后。在秋日的 Law Quad 里吃过学校提供的中餐，已是下午 2 点，到了我们约定的时间。

"咔"的一声，孔宇的福特小轿车停在了我的面前。

车窗徐徐摇下，孔宇向我招招手。

"上车吧。"他对我说。

"谢谢你啊，真准时。"我一边说着，一边打开车门，坐到副驾驶的位置。

"下午的内容是熟悉车子的性能，既然你在国内学过开车，那我可以让你直接上车试试。"孔宇一边说，一边调控着方向盘。

"好的。那就开始吧。"我脱下外套，定了定神。

孔宇一脚油门下去，我们的车子已经驶离法学院，向着北校区的方向开去。

这个时间的北校区几乎没有车子通行，行人也寥寥无几。安静的氛围里，孔宇认真地给我讲解他这部车子的表盘，让我学会读数。因为美国的车子用的是英里计数，因此仪表盘与国内有些微小的区别，如国外仪表盘上的标度 70km/h，相当于国内的 110km/h。

由于车子是自动挡，当速度超过 20km/h 的时候，车身会轻轻晃动一下，我为了适应这个特点花了些时间。此外，孔宇还教我熟悉了转向灯、雨刷、后视镜等的位置。大约经过半个小时，我初步熟悉了这部车子的构造，在铺满红叶的北校区的弯道上，开始一圈圈练习转向。

此时恰逢金秋，车窗前的风景像安静的油画一般，层林尽染。路上铺满了绚烂的红黄交织的叶片，仿佛一片长长的地毯。我们的车轮碾轧过去，发出清脆的咯吱咯吱的声音。微风浮动，几片枯落的红叶轻轻飘摇下来，铺散在车子前方。

孔宇给我讲解交通规则。

美国的驾驶执照考试看似简单，实则有难度，令人不敢大意。美国交通比中国复杂得多，交通规则也非常严格。美国的交规不是由联邦政府制定的，而是30个州和哥伦比亚特区各自制定的。除了州的交通规则以外，县、镇、区及市政府也执行当地的规则。在美国，驾照考的主要是安全意识，车技反倒是其次。因为车技提高很容易，一旦没有安全意识就后患无穷了。这和国内完全不同。

孔宇给我总结了美国的驾驶规则：

第一，行人和车辆一律靠右走。"行人优先、汽车让人"是交通规则的基本原则。行人只要一走上人行横道，一切大小车辆必须停下来让路。除了高速路，必须主动避让行人，让行人先行，不得向行人按喇叭。不少汽车司机在碰到行人要过马路时，常常善意地停下来，挥手示意，请他们先走。在美国，一旦发生交通事故，法律总是对行人更有利。多数城市还规定，汽车只有在必要时才能鸣喇叭，而不得为开快车鸣喇叭。

第二，一定按车道行驶，将要左转或右转的车辆必须在转弯专用车道上行驶。通常在公路中间，有一条条实线和虚线。最靠近驾驶者的如果是实线，表示你越过前面的车不安全；要是靠

第四章　课堂之外的时光

近驾驶者的线是虚线，就可以随意越过了。公路沿途往往也有"追尾危险"（Rear-end collision danger）或"保持车距"（Keep space）等标志，来提醒驾驶员注意这些规则。在双线行车的公路上由左线超车。

第三，司机在街上看到接送学生的黄色校车时应格外谨慎，如果校车停下，司机必须停车，让孩子们先过马路。这也是为了保护美国的孩子而做的规定。

第四，几乎所有的十字路口和丁字路口都有"STOP"标志，路口遇到"STOP"标志时，必须提前减速、停车；即使是深夜，几乎所有人都会在"STOP"标志等候两秒到三秒钟。

第五，停车的时候，要细心看标志。安娜堡有自己的停车规则。甚至同在安娜堡的不同地区，一天的不同时间，一周的不同日子，停车规则都有变更。

第六，有关汽车信号灯的规则。在美国，夜间开车，无论是否在市区，必须亮着车头灯——车前的大灯。

第七，一套对违犯交通规则的肇事者处罚的处理办法很值得借鉴。据说法院向违章者提供三种选择办法，其一是到违章者学校学习 8 小时交通规则；其二是交付罚款，做违章记录；其三是付保证金，等候法庭判决，或被赦免，或被判付罚款。在违章者学校学习一天的，上午由警察局工作人员上课，讲解交通规则和违章事例，放映有关交通事故的纪录片。下午结束学习后，给参加者发证书。把证书交给法院，就可撤销违章单，也不做违章记录。这样的违章学校一年内只能上一次，也就是说，一年中第二次违反交通规则就不会再被原谅，而必须接受罚款等处罚。

· 123 ·

熟悉交通规则，再加上反复的实战，一个下午就这样过去了。

接下来的几次，我们分别针对场地内考试和路考进行练习。场地内的考试分为三部分，分别为定点停车、侧方位停车和倒库。定点停车的要求是在一片平地上，把车子开到指定的白线处停下。停车后，考官会检查车子停放的位置，观察前保险杠与白线的距离，在允许误差范围之内即可通过。侧方位停车即把车子倒着停进一个侧面的停车位。倒库与国内的移库相比简单了许多，车库有两个车身的宽度，只需要把车子停进去，前后左右都在标志范围之内即可通过。

除了场地内考试，密歇根州的考试还有路考，在指定路线上行驶，既有普通道路，也有10分钟的小高速。

考试之前，我又与孔宇约了三次，分别练习了定点停车、倒车、侧方位停车和小高速的行驶。孔宇专门做了一张安娜堡的考试路线地图，让我更加熟悉每个路口的转向规则、每条道路的限速规则和乡村小高速的转向弯道。何时加速，何时减速，何时限速，何时单行这些行车技巧，在一次又一次的练习中，深深烙刻在我的脑海里。

不日，便迎来了大考的日子。

由于在国内多有练习，考前也对此有所熟悉，场地内的考试我在10分钟之内就顺利通过了。

场地外考试是大约30分钟的路考。驾驶车子上公路，在限速分别为20km/h、30km/h、45km/h、60km/h不等的路上行驶，考官会观察车子的通行情况，驾驶员操纵的熟练程度，以及对交通标志的观察和交通规则的遵守。由于练习比较充分，这一项我也较为顺利地通过，除了在一个转弯处换道有些迟疑，考官帮我推了一把方向盘。驾驶过程中，我聚精会神，"眼观六路，耳听八方"，尽量做到淡定、从容。尽管如此，在驶上 10 分钟的乡村小高速时，我依然心跳加速，手心有些微微出汗。

"You have passed."（你通过了。）经历了长达 45 分钟的考试，白发苍苍的老考官厚重的嗓音终于响起。一瞬间，如释重负。Rebecca 带着她的小孩们前来迎接孔宇，同时祝贺我通过了路考。

接下来的一系列手续简便而轻松，在距离中心校区 25 分钟车程的政府机构办理了相关手续后，我顺利拿到了驾照。看着驾照上金灿灿的背景和我一本正经的照片，憧憬着即将到来的旅行季，我的心情像风一样舒展开来。

在美国考驾照，考的不仅是规则的掌握，对车子的驾驭，对路况的应变，更让我学到了中美两国对交通事故案件的不同处理思路。

也许，法的车轮，才是构筑美国这座大厦的真正根基吧。

肆　奥巴马来到密歇根演讲

奥巴马要来密歇根大学演讲！

这个爆炸性新闻一出，校园立刻沸腾了起来。

领票处开放的时间是早上 9 点。前一天夜里，早已有同学出门，在瑟瑟寒风里，呵着气，扛着帐篷，三三两两结伴，在学生活动中心门前排起了长队。放眼望去，同学们穿着大衣、外套、羽绒服，在冰天雪地里冻得发抖。大家前后鼓励着，摩拳擦掌，时而说说笑话，时而唱起集体歌，以缓解这一晚的沉默。

这一夜，注定有许多故事。

寒风冷夜里，人们用被单、帐篷裹着自己，冻得瑟瑟发抖。那激情和热血，一点不亚于当年红卫兵们为了见毛主席一面，在天安门广场排起长队，见面不叫同学叫"同志"的慷慨激昂。

万众一心，众志成城，团结就是力量，集体是伟大的。这些具有强烈中国特色的词汇，居然在这个时候的美国散发着熠熠光辉。

想来奥巴马刚刚赢得大选之时，公众情绪低迷。在2008年5月的一次全国民意调查中，有82%的被调查者表示美国的发展方向错了。油价居高不下，新一轮通胀的危险，失业率高于5.5%，房市崩溃，对发动伊拉克军事行动的持续不满，对伊拉克局势的可持续性的不确定，美国在国际上地位下降，以及华盛顿国内政治的长期不团结氛围，还有移民、医保和能源政策……

美国如今日益依赖总统的力量来影响和决定世界政治。独裁在这个时代已成为过街老鼠人人喊打，人们又需要英明而富有个人魅力的领导。这也许是奥巴马获得如此众多选民支持、拥有如此大量粉丝的原因。

当然，因为奥巴马是第一位非裔美国总统，因此必将成为历史人物。他的获胜给美国和世界带来前所未有的希望。2008年11月后选举调查发现，有大约68%（10个成年人中约有7个）的人表示对新总统奥巴马有好感。对大多数人来说，奥巴马是个偶像，人们对他的感情十分强烈，近乎崇拜。这是一种强大的情感力量。奥巴马将自己和林肯相提并论，试图利用林肯的地位，鼓励追随者将自己理想化。奥巴马的竞选助手们甚至将其称为

"黑皮肤的基督"。

奥巴马擅于演讲，长于修辞。普林斯顿大学政治学院士、美国人文与科学院院士、《总统风格：从罗斯福到奥巴马》的作者弗雷德·格林斯坦注意到：在白宫的讲坛上，奥巴马可以与最具天赋的现代总统公共传播者相提并论，不论是富兰克林·D. 罗斯福、约翰·F. 肯尼迪，还是罗纳德·里根。他在 2004 年民主党大会上的演讲充分显示了他这方面的能力，这让他开辟了美国国内的政治版图，并继续在他的总统任期内发挥明显效果。

奥巴马在纪念马丁·路德·金时发表演讲说：我们今天面临的挑战与前几代人是完全不同的。最严重的经济衰退已经过去了几十年，很多美国人的生活与当时的残酷程度根本无法相比。这是金博士和他的民权运动留给我们的遗产……话虽如此，毫无疑问，我们新时代面临的挑战也是非常严重的，我们也必须像金博士一样勇敢地面对挑战。

他的个人魅力令人心驰神往。一整夜的等待中，情侣相互依偎，朋友相互鼓励，陌生人也因为共同的等待变得熟悉。终于，我们等来了黎明。

当学生活动中心的大门被解锁，人群中一阵骚动。大家欢呼着，纷纷起身，挪动快要僵硬的身躯，踮着脚，搓着手，大口地呼吸，企图向前一点，再向前一点。

回头望去，长蛇一般的队伍弯弯曲曲，延伸到看不见的远方。晨曦微露，人群在路灯下显得异常熙熙攘攘。

领到票的那一刻，我的手仿佛失去了知觉，内心却无比欢腾。

2011 年 1 月 27 日，奥巴马在密歇根大学的一个体育场馆内发表演讲。这一天，我和同学们拿着手中的票，一早就去排队等候进场。

队伍绕了操场几圈,黑压压的人群在黑暗的黎明里显得格外沉闷。

东方终于露出了鱼肚白。随后,一轮红日冉冉升起。金色的霞光洒满大地,照在了人们的笑脸上,也给人们带来了温暖。

"Morning!(早上好!)"

"Come on!(加油!)"

人们相互问候着,鼓励着。

安检环节非常严格。进场之后,但见场内人头攒动,约有四千名大学生来此听讲。

等候多时,一位女主持人上场。她语调高亢地致欢迎辞,请出总统。

当奥巴马迈着矫捷的步伐走上演讲台时,全场爆发出热烈的掌声和雷动的欢呼声。

演讲中,他概述了为大学生"减负"的计划,称政府正在通知各个高校必须制止学费的不断上涨,他还说:"如果不能阻止学费上涨,那么高校得到的来自纳税人的联邦资金将逐年减少。"

奥巴马严厉批评了美国越来越高昂的大学学费。他指出,从到场的大部分大学生出生到现在,美国大学学费已经上涨了一倍多,这迫使学生们贷更多的款,承担更多的债务。以2010年为例,借助贷款完成学业的美国大学生们离开校园时平均负债为2.4万美元。

"有史以来美国人的学费债务第一次超过了信用卡债务,这是不可原谅的。"奥巴马强调:"高等教育不是一种奢侈品,它是经济的必需品,每一个美国家庭都应该能够负担得起。"

奥巴马还以自己和第一夫人米歇尔为例，说他们都不是来自富裕家庭，正是奖学金和助学贷款使他们接受了高等教育，才有今天的成就。

他还列举具体数据强调高等教育的重要性：目前具有大专以上学历的美国人失业率只有全国平均失业水平的一半左右，而他们的收入是那些连高中文凭都没拿到的美国人的两倍。此外，在未来十年中，美国60%的新职位将需要具备高中以上的学历。

奥巴马说，自己不希望看到在美国只有一小部分人取得成功，而希望每个人都有机会成功。

他提议改变联邦政府给美国高等院校拨款的方式，今后那些无法控制学费高涨的高校每年获得的联邦政府拨款将随之减少。

按照奥巴马的计划，2012年高等教育机构得到的联邦政府补助将增加几十亿美元。计划还包括为学生提供新型评级工具，帮助他们了解哪所大学最物有所值。但奥巴马并没有介绍这项计划的细节。

在演讲中，奥巴马的魅力无限。简短的语句，有力的手势，燃起了全场学生内心的熊熊烈火。他的一段演讲是这样的：

奥巴马："我们应当支持教育……每个人都有受教育的权利！"

然后台下公众一起高呼："是的，权利，权利！"

奥巴马："每个人都有机会成功，我们要减轻学生的学费负担！"

台下一起高喊："是的！我们必须这么做！""是的，必须，必须！"

呼声一浪高过一浪，此起彼伏，排山倒海。

尽管奥巴马高等教育计划的很多关键部分必须得到国会的批准，在当时华盛顿政治分裂的情况下，这项计划预计将遇到一些阻力，但这慷慨激昂的拉票之旅还是给他赢得了不少公众支持。有分析认为，奥巴马在 2012 年大选前抛出此项计划意在拉拢两大重要选民群体：年轻人和工薪家庭。

那年，奥巴马顺利地赢得大选，得以连任。而我们执着地排队领票、在寒风凛冽的冬夜凌晨苦苦等待，渴望见上这位前总统一面，听他演讲的狂热经历，也永远定格在那年如同明月腾空而起的巨大 M 标记笼罩下的密歇根。

伍 在美国过年

2011 年圣诞节的中午，我应邀来到一个美国当地人家中，分享节日的快乐。上午 11 点 15 分，女主人 Sharro 准时在楼下等我，驱车前往她居住的小镇，距离安娜堡有 15 分钟的车程。

家中有美国传统的圣诞节食物，集中了各种土豆、奶酪和果酱，加上烤箱中精心烹制的牛肉，整桌午餐丰盛而美味。吃饱了，跟小朋友们玩算数游戏，欣赏一只叫作 James 的大猫，体验家里的男主人两种步枪的射击练习。

首次接触密歇根当地的普通百姓，有四大发现。

第一是密歇根的猎人。第一次亲眼看到真的鹿角以及鹿的标本，有些是难得一见的中老年公鹿。也了解到密歇根当地打鹿的习俗，即猎人需要申请打猎执照（license），像驾照一样要接受培训和考试；每打一只鹿，要用一个标签（tag），每个标签要 15 美元；一个猎人每年至多猎杀两只公鹿，而且只能打头上一边长出四只角以上的，禁止捕杀小鹿，母鹿的数量不限。辨别公鹿和母鹿的标志就是角，公鹿有角而母鹿没有。

第二是见到了他们的亲戚——阿拉斯加的印第安人。他们的祖先是从越南过来的，后来定居在阿拉斯加。他们习惯了寒冷，对温暖的环境反而不适应。《野性呼唤》里的淘金热，写的就是阿拉斯加。不知是不是一种巧合，北纬40度以北的居民，无论是美国还是中国，都喜欢捕猎，也许与气候、地理环境和风俗习惯都有关系。

第三是美国的中小学教育。尽管得到的信息非常有限，但也对美国的中小学教育有了大致的了解。这里实行六二制教育，小学6年，初中2年，然后高中3年，大学4~5年。Sharro的小孙女在读的学校，每个班有30人左右，男女学生基本均等，男孩稍多。课程有数学、英语、阅读、拼写、科学等，一个年级有两个老师，教四门课程。学校早上8点15分上课，下午放学也比较早，有少量的家庭作业。

对于美国的家庭教育，我感慨良多。Sharro的女儿是一个全职太太，事实上她也读过大学，受过高等教育，可谓知识女性，只是她最终决定献身家庭，抚养教育孩子，所以甘心放弃工作。她说，自己有许多打算，等孩子们长大后，可以慢慢再去实现。

良好的家庭教育令人印象深刻。当孩子们嬉闹时，妈妈会很礼貌地告诉他们哪些活动是被允许的，哪些活动不被允许，孩子们都非常听话。没有丝毫的溺爱和娇惯。8岁的Carter帮助妈妈洗碗，整理餐具，非常勤劳，其他的孩子们有些顽皮，但都很听话。大儿子 Kurt 近期要去旅行，他轻轻地走到妈妈身边，询问可否商量去洛杉矶的事。他妈妈说现在不合适，他说那我们5分钟以后再谈可以吗，他妈妈欣然同意。美国人的亲子关系非常平等，民主自由，但又充满规则。

美国人喜欢让人做选择，在美国家庭里，这一点更明显地体现出来。中午的牛肉餐有生凉饼和煎过的饼两种选择，大伙儿根据自己的口味任意选择；而意大利面有加胡椒和不加胡椒的两种，也可以任意选择，我和同学每种都尝试。对于美国人做选择的文化，印象特别深刻。跟 Shella（帮 Sharro 看孩子的邻居）聊天，她说自己的女儿高中毕业，但没有立刻上大学，先工作了一年，家里也没有办法，"It's her life, she can choose."（这是她的生活，她可以选择。）

美国父母在培养教育他们的子女时，重视个人爱好、兴趣、志向，尊重孩子的意愿。美国一贯倡导个性化教育，非常重视对孩子自我分析和独立解决问题能力的培养。因此，在美国，父母与子女之间的关系并不仅仅是长者和晚辈，更像是朋友。在孩子成年以后，他们认为自己应该搬出去住，自主生活，不再依靠父母，因为他们心中早已植入这样的观念：当一个人成为成年人，他就应该为自己负责，应该拥有自主生活的能力。这正是由个人主义思想所带来的独立性。

第四是美国的婚姻。我去的家庭中，Sharro 的女儿刚离婚不久，自己带几个孩子。她的丈夫是因为外遇而跟妻子离婚。Sharro 的老伴跟我们说，"看准一个男人很重要啊。"

想到婚姻，我发现这样一个现象，身边的异地婚姻越来越多。父母那辈人的"婚姻就是搭伙过日子"价值观，越来越不能得到

"80后""90后"年轻人的认同。"家"的概念，在中国人的视野里，与古时有了很大区别。

中国古时有句话说，一个家庭培养了一个好女儿，能造福三代人。女人在家庭中的地位是很重要的。一面是儿媳，一面是妻子，一面是母亲。按照儒家伦理，一个好女人应该上孝公婆，中扶丈夫，下育儿女，如此，自然是造福了三代人。

如果说我们父母那一辈，对婚姻的态度还可以"将就""凑合"，就算吵吵闹闹也能过一辈子，在如今这个世道，年轻人则越来越不愿意迁就，过不到一块儿就散伙。离婚率升高也就不再意外。

在如今，黏合两个人的，除了婚姻契约，更重要的是心灵的互慰与精神的支持。这也许是异地婚姻增多的一个原因。家庭，对于我们年轻一代来说，除了生儿育女，更多的意义是灵魂栖息的住所，是心灵停泊的港湾，是思想交流的社会单元。

而美国人对婚姻家庭的重视毫不亚于我们。他们的性观念开放，但结婚之后决不允许乱来，一旦发现，离婚是必然的选择。

这种婚姻伦理，几乎全世界是相通的。

陆 歌舞升平的百老汇

百老汇不是一家剧院，而是指百老汇街上的几十家剧院。

百老汇（Broadway）原义为宽街。它是指纽约市中以巴特里公园为起点，由南向北纵贯曼哈顿岛，全长25千米的一条长街。大街两旁高耸云端的大楼鳞次栉比，坐落着威名远扬的华尔街证券交易所，以及麦迪逊广场、时报广场等代表美国金融巨头和商业大亨的许多划时代建筑。最为醒目的是，在百老汇大街 41 街至 53 街汇集起了众多闻名遐迩的剧院，随着剧院的发展壮大，这里的戏剧表演艺术取得了无与伦比的成就，进而使现代人每每提起百老汇，似乎都已忽略了它的"宽街"本义，而把它同戏剧表演艺术融为一体，使它成了世界戏剧艺术永恒魅力的象征和代表。

百老汇

都说百老汇是美国现代歌舞艺术、美国娱乐业的代名词，到纽约不到百老汇等于白来一趟。百老汇每年的票房总收入有 12 亿美元之巨。《悲惨世界》《美女与野兽》一演就是十几年。《猫》从 1982 年 10 月开始上演到 2000 年 6 月落幕，长达 18 年之久，到 1997 年它就已上演了 7397 场演出，售出剧票 3000 万张，票房收入约 3.8 亿美元，还带动周边地区餐馆业、酒吧业、礼品业的经济增长达 30 亿美元。《芝加哥》也业绩不俗，已经在全世界上演超过万场，观众超过 1200 万人，票房收入 5.5 亿美元。百老汇的演出业稳坐纽约市文化产业支柱宝座。

19点40分,离演出还有20分钟,我在三层的入口进入剧院。剧院的布置颇有电影《歌剧魅影》里的感觉,由于买的是低价票,所以位置很高,距离舞台较远。临近20点,剧院响起当当的钟声,灯光渐暗。

这是音乐剧《芝加哥》。

《芝加哥》改编自20世纪20年代发生在芝加哥城的真实事件,讲述了女凶手在律师的帮助下,利用媒体制造舆论博取同情,最终逃脱法律制裁的故事。

让人颇受触动的是剧中折射出的人情冷暖。纸醉金迷的时代广场上演一幕幕人间喜剧,那些冷酷的眼神直看穿人心灵的麻木,让一个个标榜正义的法律贩子成为赢家,而真正的善人成为牺牲品。作为一名法律学子,当我看到剧中的律师将法律玩弄于股掌之上、尽显冷漠与张狂之态时,既愤怒,又无奈。

《芝加哥》丰富的音乐表现力同样令人惊叹。作为百老汇的代表作之一,该剧集中体现了百老汇的音乐风格。剧中运用了大量美国本土的爵士音乐,朗朗上口的《甜心拉格泰姆》《我最关心的事》《罗克茜》等曲,令人情不自禁地随着音乐摇摆。而那幕难忘的《监狱探戈》,更是让人"蠢蠢欲动"。

《芝加哥》是必须在剧场里欣赏的艺术。舞台很洗练,没有大制作、大场面,也没有高科技手段营造出的奢华壮观,完全靠演员的技艺,为观众呈上了一份视听盛宴。它的现代气息浓郁逼人,用最典型的现代音乐和城市舞蹈表现当代都市生活。舞台上,所有演员均着黑衣,女演员着黑短裙或黑色比基尼,在满台恣肆的黑色里演绎出爵士舞、踢踏舞、探戈舞的激情。

该剧吸取百老汇不同时期的歌舞风格，将包括富丽秀、杂耍秀在内的各种形式有机结合，构成了一幅幅炫目的风景。全剧以爵士乐贯穿始终，乐队就坐在台上，成为剧情的一部分，指挥偶尔转过身来说一段台词，客串法官，幽默、讥讽，观众席上不时爆发哄堂大笑。

　　此外，这部音乐剧还运用了法律、心理学、社会学及哲学的知识，借鉴弗洛伊德的心理分析，巧妙地将抽象的比拟贯穿于具体的戏剧框架中，发人深省。其中，给我印象最深的就是那个匈牙利女囚被处死的情节。一袭白衣的芭蕾舞者与一身灰袍的待死女囚，一个姿态翩跹，一个步履维艰；一个飞升上天，引得掌声阵阵；一个被绳吊起，面对沉寂冷漠。场面不断交错，产生了强烈的视觉冲击与心灵震撼。

　　回味那个纸醉金迷的城市、冷酷血腥的社会，不禁感慨——"这就是芝加哥"。

音乐剧《芝加哥》剧照

想起曾经在国内看过的玛莎·葛兰姆现代舞团访华演出。

作为与美术家毕加索、音乐家斯特拉文斯基并驾齐驱的"二十世纪三大艺术巨匠"之一，舞蹈大师玛莎·葛兰姆（Martha Graham，1894~1991年）本身就是一个不朽的传奇。玛莎·葛兰姆的艺术理念和肢体技法，奠定了整个现代舞的发展基础，并深深影响了之后所有的舞蹈艺术家。其独创的"玛莎·葛兰姆技术"已成为流行于欧美现代舞界的三大美国流派中最强大的一支，同时她还是同辈舞蹈先驱中传人最多的一位大师。因为其对舞蹈艺术所做的巨大贡献，1999年《时代周刊》在进行"世纪盘点"之际，将"世纪舞蹈家"荣誉授予了她。

前两个剧目是两支独舞，《摩尔人的夜曲》展示了东方神秘国度宫廷宴乐的场景，舞姬为君主翩翩起舞，华丽的东方色彩和神秘气息，描绘着"满地黄金象牙"的梦境。《悲悼》是极具弗洛伊德色彩的舞蹈，被浅紫色织物包裹的舞者在绢布里挣扎，时而流淌、时而顿挫，时而压抑、时而张狂的悲伤，把心灵的各面魔方扭转得淋漓尽致。

接下来是我最爱的《阿帕拉契亚之春》，洋溢着欢快与激情的舞蹈让人耳目一新。身着大红裙的舞者将美国的热情演绎到极致；四个白衣的姑娘仿佛四朵百合欣喜而明朗地绽放；牛仔甩动金色的短发，神秘而勇猛；一对新婚夫妇尽情畅想美国新大陆的希望。这场"美国生活的传奇——如同支撑一个民族的骨骼和内在框架"浓缩了美国乐观积极、民主自由的精神，与《俄克拉何马》有异曲同工之美。

中场休息过后，是沉郁顿挫的《编年史》，以反战为主题的舞蹈从预感到战争的序曲开始，到战争中步履维艰的生活，到战后的期盼，黑白交错，从压抑到悲痛再到激愤的情绪，带给人强烈的震撼与共鸣。据说这是大师难得一见的三部曲全本。

《林神节之歌》展示了独特的印第安文化，独舞中展现的青春张力让人联想到杨丽萍的《云南映象》。

《枫叶拉格》是大师96岁的收官之作。96岁老人眼里的世界，充满了独特的幽默与自嘲，中间一条黑色纽带，两端是木桩，舞者在其上或翻腾或缠绕，柔韧与力量交错，成人的幸福与孩童般的快乐交织，葱绿配桃红的服装，类似裸体的隐喻，仿佛在生命尽头回视人生百年的嫣然一笑。

最后一个场景尤为可爱，舞者的裙子被另一个舞者抢走，无奈她只得坐在缆绳上，一个人颤颤巍巍地，托腮自笑。这倒让人想起"别人笑我忒疯癫，我笑他人看不穿，不见五陵豪杰墓，无花无酒锄作田"的感觉。尽管中西文化存在差异，对生命的解读却殊途同归。

在我的印象里，巴赫的音乐很像在方格上进行的拼图游戏，横向和纵向都可以延伸和连接，而且不只一层。这样的想象来自音乐的延展性。在巴赫朴实无华的音乐中，我总能找到共鸣。看似线性却在多维空间中延伸的音乐，很容易让人联想到立体的几何图形。有限的音符在无限的空间里伸展变换，铺陈起伏，勾勒出一个网格状的世界，简单又丰富。

曾有人把提香（Titian）的绘画，米开朗琪罗的雕塑，莎士比亚的戏剧，巴赫的音乐并称为人类艺术史上的四大瑰宝。然而，在我看来，即使理解他那些最通俗的经典旋律，也要反复体味，这也许是喜欢巴赫的只有少数人的原因。正如小提琴大师梅纽因所言，"刚刚对音乐入门的人，如日本人和中国人，对浪漫主义音乐往往一见钟情,无法顶住这种诱惑。他们来自井然有序、管理严格的社会,突然间,他们可以在足球场和棒球场大声尖叫了,想想有多兴奋。"

一个年已垂暮的宫廷乐师向前来听他忏悔的牧师演奏自己曾经流行一时的音乐,可是年轻的牧师尴尬地说自己从来没有听过这样的乐章。老人叹了一口气,弹起另一段乐曲,牧师马上兴奋地跟着和起来:"啊!先生,我听过这一段,可是我不知道你就是那伟大的作曲家!"老人又叹口气,幽幽地说:"这不是我的曲子,而是莫扎特的,我谋杀了一个天才。"这是电影《莫扎特传》的开始。

影片讲述了天才与庸才的故事。平庸的宫廷乐师萨利理在天才作曲家莫扎特的面前逐渐丧失了对音乐的自信和原本属于他的地位,在强烈的自私与嫉妒下,他用卑鄙的手段陷害了莫扎特,并间接导致莫扎特的死亡。安魂曲中,莫扎特的妻子悲泣的镜头至今仍浮现在眼前,巨星陨落,他的音乐却穿越时空,久久地回荡在音乐殿堂之中。

在众多古典音乐家中,莫扎特的音乐是最富灵性的。他的音乐总能给人一种婴儿睁开双眼看世界般的澄澈纯净,正如傅雷在给傅聪的信中所描绘的:"莫扎特的那种温柔妩媚,所以与浪漫派的温柔妩媚不同,就是在于他像天使一样的纯洁,毫无世俗的感伤或是靡靡的 sweetness(甜腻)。神明的温柔,当然与凡人的不同,就是达·芬奇与拉斐尔的圣母,那种妩媚的笑容决非尘世间所有的。能够把握到什么叫脱尽人间烟火的温馨甘美,什么叫天真无邪的爱娇,没有一点儿拽心,没有一点情欲的骚乱,那么我想表达莫扎特可以'虽不中,不远矣'。"像天使般纯洁,我认为是对莫扎特最贴切的评价。真正拥有生命的音乐从来都不会被时间湮没，经得起岁月打磨的音乐会持久地散发光彩。莫扎特是上帝送到人间的天使，他那清脆的笑声，如儿童般无邪的笑声，与他的音乐一起，在星空下久久回荡。他的魅力莫可名状，却潜移默化，润物无声。

他让我不由自主地联想到《海上钢琴师》里的1900。天才的洞察力，用音乐表达人间百态，如此天赋神韵，空前绝后，成为千古绝响。

与巴赫、贝·多芬这些能够洞悉生命与人性的复杂、创造出气势恢宏音乐圣殿的大师们相比，肖邦的音乐略显柔弱单薄。如果以四季作比，他只能理解生命中的一个季节，但是他停驻于这个属于他的季节，用音乐为世人呈现出生命在其间的无限可能。柔美而妩媚、高贵且华丽、深刻又忧郁的肖邦，将其一生的才华都挥洒在了钢琴这一件乐器上。"钢琴诗人"的美誉名不虚传，肖邦用他的音乐再一次向世人证明，美妙的旋律与深邃的思想并不矛盾，动听无罪，唯美无罪。

古希腊哲学家毕达哥拉斯认为，音乐的美在于它符合数学规律。

数学在相当程度上是先验的，也就是说，不依赖于人后天的经验，而是先于经验存在的。许多哲学家认为数学体现了宇宙的秩序和美。

而音乐，我是指古典音乐，或者说纯音乐，确实是音符与音符之间自有的美的不断排列组合，冲突碰撞。这与数学有着异曲同工之妙。

纯音乐是对上帝创造的这个世界的美的尽力探寻。我钦佩贝·多芬、巴赫等伟大的作曲家。他们在对美的探求上尽力走到了最远。

音乐剧的发展历经了百年的风雨，作为独特而丰富的艺术形式，它能跨越一切语言的藩篱，展示喜怒哀乐、爱恨情仇，是人类意识形态与价值观念的综合体现。然而，受到当今娱乐时代浮躁气息的影响，当代音乐剧的发展遇到了瓶颈，它越来越多地追逐单纯的视听效果，而脱离了生活的基础，失去了深刻的内涵。

纵观美国音乐剧的历史，从 1866 年开辟鸿蒙之作《黑钩子》，到轻歌剧时代的《罗宾汉》，从展现黑人悲情历史的《演艺船》，到热烈喜歌剧《疯狂女孩》，百老汇出品的美国歌舞剧在 20 世纪初迅猛发展。虽然 20 世纪中期一度低迷，但关键时刻涌现的出色的创作群体总能找到灵感，将其从低谷拯救出来。1943 年的《俄克拉何马》开创了作曲、编剧、导演和编舞"四位一体"的黄金组合，《西区故事》第一次将舞蹈贯穿整部戏剧，舞蹈与音乐之间密切的血缘关系也成为美国音乐剧区别于英国音乐剧的显著特征，而《窈窕淑女》则将英国古典主义戏剧情节与美国的音乐脚步有机结合，创造了黄金时代最后的辉煌……

后工业时代，大量艺术品的商业化引起了美国文化质量的下降，从 20 世纪 70 年代开始，美国百老汇的音乐剧日渐衰微。英国的流行轻歌剧风格的音乐剧却在世界范围内盛极一时，如《猫》《悲惨世界》《歌剧院幽灵》《西贡小姐》《日落大道》等，形成了"没有对白，没有舞蹈，只有歌唱"的风格。受其影响，在刚过去的 20 年里，美国音乐剧也以壮观的场景取代了戏剧性的展开。然而，尽管有盛大的场景和全方位的包装，还是不能掩盖平庸的剧本、音乐、歌词和表演所带来的"快餐文化"效应，虽然鸿篇巨制会给观众较鲜明的印象，但不会深深地吸引他们。这成为音乐剧同时也是其他娱乐产业如电影、戏剧发展的瓶颈。

音乐剧需要复兴，《歌舞青春》为当代音乐剧的复兴开拓了道路。在我看来，当代音乐剧应当从钢筋水泥的架构中走出来，重新回归生活，发现情感，发掘人性。

回顾近百年音乐剧发展的坎坷历程，它之所以能在全世界范围内引起轰动和迷狂，与其丰富的表现力与深刻的思想内涵是分不开的。

音乐剧的表现力基于其丰富的表现元素。《爱乐》主笔贾晓伟对音乐剧做了这样的诠释："音乐剧是欧洲古典歌剧的现代变种，是古典音乐与流行文化嫁接出来的果实，果核仍是欧洲文化的底子。也可以说，音乐剧的大获成功是变形的欧洲文化在现代浪潮中的一次突围。这种音乐形式集歌唱、舞蹈、舞美于一身，大显奢华。"这意味着音乐剧具有浓厚的西方古典音乐的底蕴，又有应变外部条件的开放特质。既可保留传统的优雅，又可吸纳新生的音乐、舞蹈舞美的元素，还可以包装得非常秀美，做得非常有官能感。正是由于具备了如此多元的艺术形式，音乐剧才有了广阔的发展空间，凭借其老少皆宜、雅俗共赏的独特魅力，在近几十年中风靡全球。当代音乐剧的复兴，需要继承这一优秀传统。

音乐剧的表现力，源自其承载的深刻内涵。作为20世纪一种独特的文化现象，音乐剧运用巧妙的视角、高超的手法揭示深刻的社会问题、折射人情冷暖，将众生百态在短短的几小时中表现得淋漓尽致，在愉悦视听的同时发人深省。比如，《约瑟夫的神奇彩衣》中对人性的揭露、《芝加哥》中对社会的讽刺,都透过炫目的歌舞冲击着我们的心灵。从音乐剧中,我们不难读到我们这个时代、我们这个星球最受关注的一系列重大命题——人的命运、人的价值、人的生存状态、人的尊严和普遍的人类道德准则等,这些有关人的主题无不在音乐剧中得到最生动、最感人、最彻底的艺术表现。这一点在当代音乐剧的创作中有待发掘。

音乐剧的表现力还有赖于其创作者大胆的创意和演员们完美的诠释。一部完美的音乐剧,是最优秀的编剧、导演、歌手、舞蹈家、魔术师、特技演员、灯光师、舞台美术师、化妆师、服装设计师等人才共同协作的结果。而要达到此种效果,需要对每一个环节都精雕细琢,需要每个工作人员的吃苦耐劳和默契配合。音乐剧的演员们都是百里挑一。与经过精心包装和浩大宣传即使没有真本事也能一夜走红的流行偶像不同,音乐剧的演员都极具专业水准。他们的舞蹈水平非常专业,演唱水平也相当高超,很多人甚至具有美声功底,表演功底也十分扎实。而且,音乐剧演员的外貌和体形体态也必须相当出众。能够同时具备以上诸多条件的演员,还要经过专业的训练和反复的排演,他们的艰辛努力和精彩表现是音乐剧取得成功的关键因素。因此在当代,对音乐剧剧作家及音乐剧演员的培养教育格外重要。

与曾经辉煌的、推动文明进程的音乐剧相比,当代音乐剧虽然取得了一定成就,但依然存在诸多问题。

首先,优秀剧本的匮乏。这个问题不仅体现在音乐剧中,同样体现在文学、电影等文艺领域。或许太平盛世难以诞生伟大的艺术,在这个生活富足的物质时代,对人类精神领域有深刻关怀的伟大艺术家已经不多。我时常在想,为什么我们这个时代不能诞生莎士比亚这样影响深远的剧作家，为什么影音娱乐盛行的时代，人们宁可做一只快乐的猪而不愿做痛苦的苏格拉底。当学生们为了一纸成绩单考前突击，当教师们为了学术评比不惜抄袭的时候，我们发现，我们对于学习、对于学术丧失了最原始的冲动。推及音乐剧也是如此，或者对于音乐剧的创作而言，内心那抹原初的热爱，比丰厚物质回报更为重要。

其次，追名逐利的商业气息。诚然，音乐剧应当具备热闹的场面和牵动人心的情节，但以巨额的投资赌巨大的票房回报，以商业票房来评价成败，这一评判标准影响了音乐剧的独立创作。相对而言，电影创作反而有更多自由的空间。艺术的创作从来都需要大众的思想源泉，但艺术的发展同样会影响大众的生活品位。如果这个物质时代的浮躁之风难以避免，那么有意义、有内涵的艺术作品能否在一定程度上影响这个时代的风气呢？我想答案是肯定的。艺术家们不应当放弃，音乐剧艺术家们更不能放弃。

欣喜的是，《歌舞青春》的出现为这一复兴提供了极好的尝试。表现校园生活、充满真情实感的剧本，真挚的歌唱与热情的舞蹈，使得音乐剧从浓妆的脂粉中摆脱出来，呼吸到新鲜的生活气息。它让我仿佛嗅到了《俄克拉何马》的田园稻香，那份清新扑面而来。

当流行音乐大行其道之时，古典音乐会在世人脱离庸俗的祈愿中重新焕发生机；同样，在这个电影工业、电视剧产业风靡一时的当今时代，人们呼唤更加真实而血肉丰满的艺术，融音乐、舞蹈、戏剧等优秀细胞艺术于一身的音乐剧，恰是迎合了人们的这一需求。

通过优秀艺术家的激情创作与导演和演员们的倾情打造，音乐剧焕发出迷人的生机，成为充满活力、瑰丽多姿的艺坛奇葩。

一曲歌罢，舞台渐暗。

夜幕下，歌舞似乎仍在继续。

这一晚，我的思绪跟着艺术蒸腾。

因为源于生活，音乐世界博大精深，瑰丽多姿。又因为高于生活，无数的音乐与音乐剧唤起我们对幸福的无限渴望。

舞台上那灯光闪耀，歌声嘹亮的瞬间，我的心已融化。

特别提示：美国留学课余时间如何度过

1. 看一场球赛。 无论是NBA还是橄榄球，在美国都极受欢迎，而观看球赛也是美国人生活的一部分。要更好地了解美国生活，看球赛是很好的方式。NBA球票通常可以在网上订购。很多大学都有球队，看大学之间的球赛更能体验现场加油助威的仪式感。

2. 听一场音乐会。 音乐会和音乐剧都可以看，如果有条件到纽约，建议去百老汇感受真实的美国音乐剧文化。《狮子王》《芝加哥》《歌剧魅影》《猫》《妈妈咪呀》《魔法坏女巫》都是百老汇的经典剧目。

3. 参加一次派对。 美国的派对文化是传统文化的一部分，学校的老师有时也会组织班上的同学到家中参加聚会。参加一次派对，或者去酒吧跟同学们交流一番，是美国留学中不可或缺的体验。

4. 到访一个美国当地家庭。美国当地家庭是了解美国真实社会的窗口。有的学校在感恩节或圣诞节提供体验当地家庭生活的机会，建议报名参加。华人家庭和华人教会举办的活动也可以参加，了解移民生活。

第五章
那些旅美华人的爱与痛

壹 Rebecca 一家

初到安娜堡的时候，是 Rebecca 去机场接的我。而我联系到她，是通过中国校友会，校友会提供了接机华人的联系方式。Rebecca 惯常地往返于底特律机场和安娜堡之间，接送来密大上学的中国学生。这是她的一门生意。

见到 Rebecca 的时候是夏天，我初到安娜堡。那天天蓝如海，白云堆积，和煦的阳光照在长长的机翼上，散发着金灿灿的光芒。

Rebecca 已经在机场等候多时。她头戴墨镜，身穿乳白色 T 恤衫，天蓝色牛仔裤，脚穿黑色凉鞋，身材微胖，一双小眼睛远远眺望着我。

走出机场的亚洲人不多，背着行束的学生更少，所以 Rebecca 很容易就锁定了接机的目标。

"你是从中国来密歇根大学的学生吧？"她热情地问道。

"是的。"

"我是 Rebecca，专门来接机的。"

"对，您要接的学生就是我。"我回答道。

她十分认真地确认了航班号和姓名信息之后，热情地帮我把行李装进 SUV 车的后备厢里，车子飞驰在安娜堡风景宜人的乡村高速上。

Rebecca 是中国台湾人，她和先生 Jack 两个人在 20 世纪 80 年代从中国台湾移民到美国，在这片土地上悠然地生活了三十余年。两人育有五个小孩，最大的 10 岁，最小的只有 2 岁。

我上车的时候，车里俨然躺着一个小婴儿，"This is our youngest child."这是他们最小的孩子。回头看时，婴儿的腰部扣着安全带，在车载座椅上吮吸着几乎没有奶的奶嘴，两只黑亮的眼睛好奇地张望着周遭的世界，对人好像并不感兴趣。

"你是法学院的学生吗？"Rebecca 边开车边问道。

"是的，我是在法学院读书。"我卸下双肩背包，经历了 12 个小时的飞行，声音有些疲惫。

"每年这边都有不少中国学生找我们接机，法学院的倒是不多。"Rebecca 说。

"是啊，法学院每年招的中国学生不是很多。"我应和道。

"现在留学生在安娜堡找工作的少了，移民留下的更是寥寥无几。"Rebecca 对此有些遗憾。

"是啊，美国的经济形势不好，工作不好找，而国内经济发展很快，给年轻人提供了更多的机会。"我回想起同学们的经历，与近几年蜂拥回国的人潮，百感交集。

在这一届密大的硕士班里，中国人有 7 个。除了我和筱燃来自同一所学校（浙江大学），还有两个女孩来自清华大学。巧合的是她们都是本科毕业，不比我和筱燃，一个经历了间隔年（Gap Year），一个是研究生毕业。所以我们的年龄比两个清华毕业的女孩子都大。另外有一个男生，是中国政法大学毕业的研究生，在企业工作了几年，来读书的时候已经 30 岁左右。还有一个知名国际集团的法务 Flora，也是我后来的亲密战友。我们一起上证券法的课程，一起吃午饭，一起在安娜堡的大雪天行走，共同的进退让我们的情谊更加坚固。她是澳洲的法学硕士，毕业后回中国在一家律所工作了三年，后来找到名企做法务，开始在德国，后被交流到美国。她比我年龄大不少，读书的时候已经是34岁。而我那时只有24岁。

Flora 和 Amanda 是同时进入我的生活的。但是阴差阳错，Amanda 和我并没有成为结伴同行的亲密战友。她习惯独来独往，这跟她早年一个人留学日本有很大关系。她在日本待了九年，读了高中、大学、研究生。本科和硕士阶段都在日本的名校，这一方面给她带来独特的光环，与我们这些大陆按部就班求学的学生有所不同。另一方面她也因为出色的经历和优异的成绩，获得了每年唯一的全额奖学金。听说她有很多其他的选择，如哈佛大学，但她因为全奖最终选择了密歇根。说到选择，男生 Leo 也有纽约大学的选择。但他因为精英化的小班教学和多元文化氛围，以及对学术的热爱和兴趣而最终选择了密歇根。其实后来我才知道，纽约大学的 LLM 项目虽然大，但因为地处纽约，所以工作机会和实习机会都多，而且校友资源丰富，在求职时有很多便利条件。而且纽约大学的学术水平非常高，也有极为卓越的商学院，教授的理论水平和实践经验不比密歇根差。实际上，纽约大学的法学院排名一直都很靠前，与哥伦比亚大学徘徊在第四和第五的位置，在法律圈中享有盛誉。

Rebecca 和她的丈夫则没有像我们一样的名校就读经历。他们早年来到美国，扎下根来，就做些最普通的工作。比如，他的爱人在超市做过搬货员，做到了一家大超市的送货经理；后来因为家庭负担较重，又打了一份工，业余还教初来美国的学生开车。因为认识了 Rebecca，后来我学开车也找了他的丈夫 Jack。开车，接机，打工。他们不觉得自己比其他华人矮半头，因为事实上在美国的华人多半过着打工的生活，但是都过得不错，生活水平上，积累三五年大多能有套住房，通常面积不小，而且很多是二层或三层小楼。在美国，房子不像国内一样昂贵难求。

除了住房，每家都有一辆到两辆车。吃的喝的都不算贵，普通家庭都能承受。而且美国的奶制品和肉类、海鲜类很丰富，人们的物质生活较为富足。

可是精神生活呢？因为跟当地的华人有过接触和交流，我发现他们有着惊人的相似性。待了很多年的华人，很多信了基督教，成为虔诚的基督徒。极个别的没有受洗入教的，也信奉佛教或者其他宗教。找到信仰成为解除精神寂寞，寻找灵魂归属感的重要方式。

记得很早以前，第一次到美国的时候，就有华人教会的中国人跟我们取得联系，带我们去参加华人的活动。其实华人教会，基督教是一方面，更重要的是这是华人的纽带和聚集点。华人们通过这种方式相聚在一起，分享生活里的酸甜苦辣，更建立密切联系，彼此帮扶。尽管是在美国，中国人的联系也是非常紧密的。而这份亲密联系的外在介质，除了同为华人，还有共同的基督教信仰。

贰 信仰基督教的中国人

我曾经到访一个信仰基督教的华人夫妇家。那是同在密大读书的同学不幸车祸遇难后，我们参加完追悼会，热心的林阿姨夫妇邀请我们去家里坐坐。当时同去的还有十几个中国人，有在密大各个专业读书的学生，也有已经工作的教授和工程师，还有一些美国其他州特意为了追悼会飞来的朋友。

林阿姨夫妇大约 50 岁，是高级知识分子，在当地有着体面的工作。他们的家里整洁温馨，因为信仰基督教的原因，客厅、餐厅和洗手间的台面上，凡是醒目的地方，都张贴和摆放着与基督教有关的信物。客厅的墙面上悬挂着圣母油画，餐厅的摆台上陈放着耶稣基督的雕塑。洗手间里的镜子旁边也摆放着《圣经》故事里的人物小雕塑。连镜子的设计也充满教徒的风格，白色浮雕镶边，最顶端是耶稣基督雕像。

吃饭的时候，我有意观察，他们家的小摆件很多，有许多跟《圣经》有关，大大小小，高高低低。屋子里虽然摆设多，但不失秩序，所以没有给人眼花缭乱的感受。更重要的是两个人谈吐非常得体，对我们也是很客气。几个中国同学在沙发上坐着聊天，吃着林阿姨夫妇准备的自助餐。而我推测，既然这种自助餐的形式成为一种常态，说明他们家是很多华人经常光顾的地方，也是一个教徒们分享和交流的重要场所。

吃过午饭，中国朋友们围坐在一起，正式开始一个自我介绍的小仪式。有位华人工程师介绍自己来自加州，在硅谷工作，是加州大学伯克利分校毕业的博士。还有一个教授在安娜堡当地工作，是生物学领域的。林阿姨夫妇热情好客，为我们提供了茶水和甜点。几个同在密大读书的中国同学也介绍了自己的专业和所读的学位情况。我起身介绍自己来自法学院，是在读的学生。来自加州的工程师感叹了一句"不简单"。

事实上，法学院在美国受到的尊重，我早有体会。有次和商学院的外国同学聚会，他们听说我是法学院的学生，也发出了同样的感慨。"Law School！"特别是密歇根大学的法学院，在美国还是神圣的殿堂。美国人对法律这一学科本身就存在较高的信仰和崇敬，对密大法学院更是不敢小觑。尽管在 U.S. News 的排名中，密大的综合排名在 20 名左右，有时候仅优于东京大学一两位，但是其法学院在美国一直稳居前 10，有时候跟伯克利并列第 6 或第 7，有时候是第 8 或第 9，很少掉出 10 名以外。同时，因为密歇根输出了很多法官和学者，甚至是全美法学院中输出法官最多的学校，而法官在美国的地位远远高于律师，所以密歇根大学的法学院在美国的认同度也很高。

交流中我们分享着在美国的喜怒哀乐，适应的困难，经历的失眠和焦虑，也交流着生活起居的问题：哪里的中国超市更物美价廉，哪家商场购物更方便，哪里更适合秋假郊游。还有各自的学业和工作状况，自己的求学和生活经历，以及与美国的各种交集。

华人在美国，有的是第二代移民，但我接触到的大多数是第一代移民。随着年龄的增长，他们对祖国的思念非但没有减少，反而更加深重。但这种思念只能深深地沉入心海。因为儿女留在了美国，也因为身体和心灵的状态已经不允许他们回国就业和生活。在并非真正归属地的异国他乡逐渐老去，成为第一代移民不得不面对的现实。

现实面前，没有迟疑和逃离。他们通过丰富自己的生活方式，在聚会中增强精神的归属感来缓解背井离乡的苦楚。而适应和融入当地的生活可以说只是适应了表层的生活，没有也无法真正融入美国社会。每一个久居在当地的华人都有一段辛酸的血泪史。

到了下午4点多，林阿姨夫妇依依不舍地送走了我们这些访客，握着我们的手，道别的时候眼里浸着点点泪光。我知道，这一别之后，再见不易。虽然他们是当地的资深移民，但对我们这些求学的游子来说，大多数情况下是不会再与之联系了。他们也知道，我们只是萍水相逢的客人，说是常联络，但因为不信仰基督教，也没有其他契机可以让我们再如今天这般相聚。

无论如何惜别，依然是要擦肩而过。因为在大熔炉般的美国，留下的和离开的永远是对半分。诚如我所料，我们这些留学生中，最后留下的不超过一半。过半数的人还是回国，继续着自己在中国的事业，走上新的道路。在美国留下的，则沿着这条轨迹前行。尽管还与中国保持密切的联系，但正像这些长久旅居的华人一样，他们的生活已经是无法回头。想回国越来越难，适应中国成为困难，倒不如在家中用宗教的器物摆设支撑起一片信仰的蓝天，在自己给自己营造的精神世界中获得心灵的依托。

在物质和精神均得到满足的环境中，在华人和华人能够充分沟通交流，交朋友、共荣辱的环境中，美国也成了另一片"天堂"。

叁　中国留学生

相约到心理学博士平哥家吃烤鱼，是我们一次临时起意。

那天，筱燃兴奋地回到宿舍，跟我说在一次活动上结识了几个当地的华人留学生，有一个是心理学专业。他很热情地邀请我们几个法学院的中国同学去他家吃烤鱼。

见面的时候得知，这个心理学博士生已经在安娜堡安家，他的爱人也是这边的留学生，现在已经工作了。因为比我们长几岁，我们管他叫平哥。

平哥的家在一片静谧的湖边，是一个两层楼的大房子。室内有些凌乱，散乱着许多书和报刊。也有很多家具，看上去是搬来不久。

不一会儿，门铃响了起来。是梦玮、菁菁和 Leo 来了。三个人搭了孔宇的车一起，孔宇还在停车，他们先进门。

几个人带了很多吃的，还有大瓶的雪碧和芬达。大家坐在沙发上开心地聊天，笑声不断。

梦玮花色鲜艳的方格外套下露出印有清华校训的 T 恤衫，谈笑间露出洁白整齐的牙齿，姣好的面容，高高梳起的马尾辫，一双眼睛灵动得会说话。与她交谈，仿佛呼吸着北极冰雪般清新，让人想不多看她几眼都难。

她是清华大学的应届毕业生，曾跟随清华大学的团队参加奥地利维也纳国际模拟法庭大赛，斩获最佳辩手的称号。她也曾被清华大学推荐去东欧交流学习，只身周游列国，在许多城市留下了优雅的足迹。她爱好摄影，习惯性地斜跨一个单反相机，随手记录生活的点点滴滴，给我们翻看这些记载了她光辉岁月的照片时，难掩内心的激动与自豪。

梦玮的梦想是做一个法学教授，她对中国法律思想史颇感兴趣。她选择密歇根的重要原因，是密歇根在法学研究领域的卓越成就和雄厚的师资力量。

Leo 也是我们的同学，但比我们年纪大一些。中等身材，略微有些发福，高耸的发际线上，头发向一边梳开，古铜色的皮肤，弯弯的笑眼透着智慧和亲切。他说话的语速有些慢，行走起来也仿佛坐轿子一般四平八稳。

因为Leo有工作经验，他来密歇根，是壮士断腕般辞去了国内的工作，放弃了众人艳羡的职位，一个人漂洋过海，远赴异国他乡。在今年的新生中，他是存疑最多的，因为如今经济形势萧条，市场不景气，许多法学院毕业的学生希望争取到一份稳定的不必担心被裁员的工作，身在福中的他却放弃了晋升的机会，辞职留学。这让人难以理解，更令人心怀疑问。

他给出的理由是曾经的岗位太安逸，想趁年轻找寻富有激情、活力和挑战的生活，如做律师。

孔宇还是老样子，鼻梁上架着一副黑框眼镜，圆形面庞，小平头，宽大的额头。薄薄的镜片后面，两道小眼睛眯成线索，那眼神中直射的光芒与睿智，让人忍不住想要举手掩面遮挡自己的形秽。

他是上一届的LLM，完成了一年的学业后，因为成绩优异，成功转为JD，是法学院当之无愧的学霸级人物。

他曾拍案谈论国际形势，兴之所至，手舞足蹈；也曾经在考试前对着法学院宿舍里嬉闹的人群大吼，让他们保持安静。他性格坚毅果决，行动迅速，思维敏捷，在人才济济的法学院，像极了一头冲劲十足的小豹子，让人远隔十米就感到凛凛威风。

"法学院是出思想家的地方！"谈到法学院，他这样说。

"It's a certification！（这是一个证明！）是对智商和竞争力的证明！"聊到留学的意义，他这样说。

"如果我当了国家总理哈，我是说如果……"侃到国家大事的时候，他这样说。

选择密歇根，他有自己的理由。

"因为哈佛和剑桥不要我呗！"

……

在他的面前，仿佛一切真相都在顷刻间水落石出，没有杂质，没有浑浊。这种"水至清则无鱼"的思想境界，本容易让他难免"人至察则无徒"的曲高和寡，但他又巧妙地摆平了学业和生活的关系，在生活中坦诚率真，热情洋溢，乐于助人，这让他拥有了好人缘。比如，校园里大大小小的活动总能看到他的身影，谁遇到了困难他总是能第一时间冲在前边，伸出援手；有时候他主动买票，驱车千里带我们去底特律看 NBA 篮球赛……这点点滴滴，让他在法学院这个群体中很快成为核心人物。转眼一年过去了，随着年龄渐长，锐气消减了一些，眉宇间虽仍有天之骄子的不羁，举手投足间却着实多了几分谦逊。

谈笑间，我们聊起在中国做律师的艰辛，一些女孩子由于身体状况难以承受律所的高压生活，而转行进入公务员系统或者国企和外企做法务。我们谈论的理想中的律师业繁华胜景，被太多前辈轻松而消极地否定。长久的时间里，大家对自己的职业生涯规划产生了巨大的迷惘和彷徨。就像是卖火柴的小女孩，点亮火烛的时候看到烧鹅烤肉、美丽的风景和微笑的外婆，而火柴熄灭后，重新面对真实处境的感觉。每一个走出校门的学生大概都会经历如此梦想破灭、抛锚反思、认清现状而重新定位坐标、启航远行的过程。即使是工作了多年的人，对人生的选择也常心存怀疑，进而寻找"不一样的生活"。

对于 Leo 的选择，我是理解的，虽然换作我在他的位置，大概不会有这勇气与年轻人一同站在起跑线上，面临新一轮白热化的竞争。作为女人，很多人选择了承担家庭义务，在特定年龄结婚生子，为父母和社会尽一份心。纵然是开放的时代，选择独辟蹊径，一生为事业放弃家庭的也毕竟是少数。社会分工的不同让女人在选择工作时面临着更多的挑战，既不能因为对事业追求，而错过回归家庭的黄金年龄，又要避免为了在最佳年龄完成这一系列的计划而丢掉工作。这实在是鱼与熊掌难以兼得。

大家正聊着，"咚咚"两声敲门声响起。我应声开门，是Amanda到来了。Amanda身着宽大的休闲裤、开襟短袖毛衣和坡跟凉鞋，脸上绽放着她招牌式的灿烂笑容。

"大家好呀！"她大声说道，一边说着，一边把手中的Gucci手袋放在桌上。

虽然都是中国同学，Amanda的人生轨迹却跟我们大不相同。她在日本留学九年，在日本读了高中、日本国立中央大学的法学本科、东京大学世界经济与政治的硕士研究生，是今年唯一的密歇根全奖获得者。这段特别的经历让她在法学院备受关注，也被广为传颂。每当有人聊起今年的LLM同学时，都会有人问，"Is there a Chinese girl studied law in Japan？"（"有没有一个在日本学过法律的中国女孩？"）

Amanda虽然是中国人，但身上透露着日本人彬彬有礼的气质，举手投足间都会带出一些日本人的味道。刚到密大，她就潇洒地给自己过去的老师和朋友发了明信片，一个个感谢；又参加了繁多的欢迎晚宴和聚餐活动，认识新朋友，巩固旧情谊，在亚洲同学的小圈子里人气颇高。

菁菁也是清华大学2011届应届毕业生，与梦玮是同班同学，同样参加了奥地利维也纳国际模拟法庭大赛，在那次赛事上取得了骄人的战绩。她的母亲是个杂志编辑，父亲是个医生，知识分子家庭的教育让她有着与众不同的脱俗气质，大气稳重，有着超越她年龄的成熟。

随着另外几个朋友陆陆续续地到来，筱燃取出了我们事先在中国超市购买的水饺粉，开始和面。虽然狭小的厨房条件简陋，只能用电饭煲的内胆小锅揉面，在餐吧台上铺开保鲜膜作为案板擀面，但这些并没有影响大家的热情。每个人脸上有着面粉和汗水混织在一起的粉扑扑的味道，欢声笑语充满了平寂的小屋。

经过完美的分工配合，几个小时的辛苦劳作，7点多，饺子姗姗出炉。从Panda中餐馆取来的十多双筷子派上用场，半小时之内，已然杯盘狼藉。

可乐也在同时奉上。有句话说，唯美食与爱不可辜负，用在此时恰如其分。在三国杀的召唤下，晚上有约的孔宇和Leo又匆匆赶回，大家席地而坐，展开了四反两忠一内的八人三国杀。

"杀！"

"闪！"

"乐不思蜀！"

……

"五谷丰登！"

……

"南蛮入侵！"

……

甩牌的呼喊声此起彼伏，可乐的泡沫氤氲着年轻的激情。

窗外秋风呼啸。

隔窗向外望去，夜空深邃幽远，沉寂中透着一丝凝重。一轮熟悉而陌生的明月高高悬挂，静静地注视着我们这群浪迹天涯、出国求法的学子。屋里的友情随时间的流逝而默默发酵，热气腾腾。

我想起一句家乡话："只要感情有，喝啥都是酒。"我们这群人，来自五湖四海，有着骄人的学历背景，参差不齐的年龄，彼此迥异的经历；我们对前途充满希望，又充满了迷茫，更有无奈和纠结；我们不能不算优秀的人，而就是这样一群才华横溢的年轻人，舍弃了国内优越安逸的条件，背负着厚重的行囊，怀揣着理想与憧憬，勇敢地走出国门，只身踏上异国的疆土。尽管我们对法律并不陌生，但未知的充满异国语言符号的课本却厚重而真实，迷茫的前途更是让人不得不直视。

就在这个宁静而欢腾的平凡夜晚，就在这个希望与信仰交织、愉悦和勇气交集的时段，我们这群年轻人这样欢聚在一起。

我们忽然找到一个可以暂时寄托心灵的共同栖所。

即使是可乐，也有如酒精般的作用，令人微醺。一口下肚，些许的忧伤与孤独荡然无存，只剩下内心无限的憧憬。

我们跟随着前辈的指引，满怀对明天的希望，携手并肩……

肆 佛学沙龙

洁性不可污，为饮涤尘烦。此物信灵味，本自出山原。聊因理郡馀，率尔植荒园。喜随众草长，得与幽人言。

——［唐］韦应物《喜园中茶生》

在安娜堡，除了 The Lawyer's Club 餐厅供应的食物，平日里我们吃的常常是汉堡、薯条、可乐、比萨饼。

膨胀的美式速食让人感到甜腻，中餐馆因此更受欢迎。

墨西哥菜也很常见，从我住的 U-towers 到法学院的路上就有家墨西哥餐厅，我常常光顾。Good life 课程快结束的时候，Regan 老师也带我们一个班的同学一起吃过一次墨西哥菜，美味无比。墨西哥在饮食文化上秉承了玛雅、阿兹特克的特色，口味浓厚、色彩绚丽。墨西哥菜以玉米、辣椒、马铃薯、可可豆为主食，后又以海鲜料理和多种清爽可口的酱料赢得了天下食客的味蕾。在当今世界权威美食家的眼中，墨西哥菜是和法国菜、印度菜、中国菜及意大利菜齐名的世界五大菜系之一。墨西哥菜口味重，颜色多，如同这个国度给人的热情和绚丽的印象。

Ulrich 书店旁有家意大利餐馆，我和 Nicole 常常去吃，那里的提拉米苏是我们每次必点的甜品。另外，日本餐馆和韩国餐馆也是我们常去的地方。安娜堡的日式料理和韩国泡菜都还算正宗。

中餐馆是我们最常去的，如学生活动中心（Michigan Union）楼下的"熊猫"（Panda），校南路（South University Avenue）路上的"幸运厨房"（Lucky Kitchen）等，有时我会买两份，带一份回家放在冰箱里，下顿接着吃。红烧排骨、西兰花、牛肉、炒面等都是我们常点的菜。

这些又吃腻了，我们就自己做饭。每个周末去中国超市采购，买了大包小包的蔬菜，回家做饭，菠菜炖牛肉、红烧小土鸡、炸酱面、西红柿炒鸡蛋等，都是桌上常客。

与思晴成为好友之后，我学会了炸肉条，将猪肉切成丝，再慢慢煎熟蘸椒盐，美味可口。另外，我还养成了吃龙须面、喝纯净水的习惯。

更重要的是思晴带给我的全新世界——佛教。她在国内是北京大学中文系毕业,是素食主义者。而她的祖先有人曾任清末大员,这样的家庭氛围让她从小接触佛教,我们在一起探讨了许多有趣的话题。

在安娜堡,有个偶然的机会,我们得知一位物理学校友叶师兄家里每周末都举办佛学沙龙,就决定去看看。

走进叶师兄家,淡淡的香火气息扑面而来。一面墙是佛祖画像、供品,另两面墙都是书架,上面放满了佛家典籍。里间是禅室,我们先跟着打坐5~10分钟,接下来讨论一些佛家理论和人生哲学。与我们同时参与学习讨论的,还有两个密歇根当地的华人,王老师和于女士。

王老师40岁出头,戴一副眼镜,人很儒雅。他是密歇根大学的物理学博士,如今在一家研究机构工作。

于女士是当地的律师,齐耳短发,人很漂亮,穿一件开襟毛衣,颇有魅力。交谈中得知,她在安娜堡一家小律所做诉讼业务,有两个小孩。

"佛讲轮回、因果、消业障。在壮年的时候,人往往有占有欲,有强大的统治欲,这时候就需要学佛,学会平和。"叶师兄说。

"那么儒家文化和道家文化呢?它们与佛家文化的区别在哪里?"王老师问道。

"道家讲向善、平和、无为。讲究施法自然,天人合一,也讲究养生,人到老了之后要学会清淡,所以老了要学道。人老了最终达到平淡的结果,便好了。"叶师兄回答。

"中国不说宗教,因为儒学已经深入社会建制。《孝经》中讲'立身行道，扬名于后世，以显父母，孝之终也。'说的是我们所做的一切都是为了父母和家庭显达。国外孩子可以直呼父母名，我们从小便被教育要尊敬父母，是绝不能直呼父母名的。从理家到治国、平天下，这就是所谓的'大治'。都说中国没有宗教，我认为孝道便是中国最大的'宗教'，孝道的基因根植于中国人的骨血中，存在于每个机体细胞的遗传物质中，是生来就有的。它早已深深植根于我们文化的沃土。同时，孝的思想也可以移于长，移于官，移于家。世界观、方法论都是惊人的一致。"思晴对此颇有研究。

"在我看来，儒释道中含有我们与生俱来的情怀。它体现于人生的不同阶段，所谓止于至善，终究涅槃，就是说要找到属于自己的光明。'在其位谋其政'，在什么位置就要做应当做的事情，不知这样理解是不是正确。"我说。

"是的，佛家经典《金刚般若波罗蜜经》中有言：佛告须菩提。诸菩萨摩诃萨，应如是降伏其心。所有一切众生之类，若卵生、若胎生、若湿生、若化生、若有色、若无色、若有想、若无想、若非有想非无想，我皆令入无余涅槃而灭度之。讲的就是一种与生俱来的普世情怀。"于女士把话题接了过去。

"记住家和万事兴，无须终日口不停；爱护家庭如爱己，不妨坦白与忠诚；一点笑容最可爱，家里立时见光明；忍耐任由风雨过，守得云开见月明。"叶师兄说。

"春有百花秋有月，夏有凉风冬有雪。若无闲事心头挂，便是人间好时节。这是宋朝无门慧开的作品，意即'平常心是道'。"王老师说。

我们冲泡了茶饮。品着龙井，聊起美国。

"不知叶师兄平日都吃些什么？我们觉得，美国快餐吃久了很不舒服。"思晴说。

"我们也去中餐馆，大部分时候是在中国超市买菜，自己做饭。"王老师说。

"是的，美餐多是速食，这跟美国人的文化有关，讲效率，越快越好。"于女士说道，"这些快餐远销世界各地——肯德基，麦当劳，星巴克，赛百味……速食正改变着人们的饮食结构甚至是生活方式，人人都以吃美式速食为时尚。就像他们发达的电影特效，总能带来全方位的感官和刺激，令人酣畅淋漓。"

"在我看来，美国的食物就像美国人一样，热情洋溢，慷慨大方，全身充满活力，富有创造力，能够恰到好处地给你无尽的欢乐和遐想，而且很实效，很地道，直截了当、开诚布公。没有欧洲的繁文缛节，没有东方的清规戒律，有的只是纯粹美式的黑色幽默和循规蹈矩。"我说。

"但是，美餐过于模式化，过多食用会导致各种健康问题。有人将精良如醇香葡萄酒的法餐、芬芳如甜蜜水果汁的印度餐和美餐进行比较，得出的结论是，美餐如苏打水——看上去内容厚实丰富，头几口很有嚼劲，吃着吃着多少会有点腻了。"思晴说。

"美国人也喝茶吗？不知叶师兄对这个问题怎么看？"我问道。

"英国人和美国人的茶，英文叫 tea，一般指的是我们国内立顿红茶那种。对中国的茶，他们其实并不认同。其实，茶是一种饮品，更是一种文化的象征。"叶师兄说："茶是中国的举国之饮，它发于神农，闻于鲁周公，兴于唐朝，盛于宋代。在漫长的岁月中，我们中国人都致力于对茶的培育、品饮及应用。"

"是的，优质茗茶通常种在云雾弥漫、空气湿润的高山之巅，茶树的每个叶片经过云蒸霞蔚，雨露滋润，都汇聚着大自然的精灵之气。所以，一杯清茶浇入喉间，滋润心肺，使人顿觉心旷神怡。"王老师说，"李国文《茗茶琐记》文中写道：'茶之可贵，是我们每个人尽量禅悟的根蒂。'茶清心明目、醒脑提神，尤其茶的那一种恬淡清逸、平和凝重、味纯色雅、沁人心脾的品格，包含做人的道理。"

"陶冶人的情操，提高人的道德品质和文化修养，使人达到身心的和谐，茶是好东西。"于女士喝了一口茶，放下杯子，说道，"茶代表了一个中国人待客之道、尊重之道和礼仪之道。在社会生活中，中国人张扬秩序，提倡亲和、友谊和理解。从茶文化的角度上讲，人与人之间的和谐体现在'客来敬茶''礼仪待人'的行为上，它是中国历史的产物，饱含中华民族的优良传统和美德，浸润着文明、礼仪、尊重、平等以及人与人之间的和谐。以茶敬客，实际上协调了一种'和敬'的人际关系。茶道中的'和''敬''融''理''伦'等，侧重于人际关系的调整，要求和诚处世，敬人爱民，化解矛盾，增进团结。"

"俗话说，'以茶会友'。茶在人际交往中，有其他媒介所没有的润滑作用。与之相比，酒虽然是用途更广的饮品，文化寓意也很深远，然而酒给人的刺激力过分强烈，不知有多少人因酗酒而闹事，酗酒而伤身，但从未听说过饮茶而引起的负面作用。这说明酒与茶在人际关系方面具有不一样的行为取向。"叶师兄说。

"是的，所谓'茶为韵清常注盏，酒因气烈再添杯'。"思晴说道。

"说到酒文化，我想起国际商事交易课上，我们一位同学David给大家讲解的中国人的应酬文化。他在中国一家大公司工作了七年，参与过不少应酬活动，对座席的位置、敬酒的顺序等都进行了介绍。不知这些在美国有吗？"我问。

"美国律师一般是在办公室会见客户，与客户私下会面的不是很多。"于女士说，"当然，也有客户请客吃饭，一起喝咖啡的情况。但执业中每个律师处理的方式都不一样，有的与当事人走得比较近，有的则比较注意职业底线。"

"我们在国际商事交易课中学到，许多美国官员也不敢与企业走得太近，因为反腐败法在对待官员贪腐问题上十分严厉。"我说。

那晚茶香四溢，我们的话题从饮食谈到禅宗，又论及律师执业环境、反腐败、宗教对比……这点点滴滴，至今回想起来仍然历历在目。

后来的几个星期，我们又在一起聚过几次，分享自己读书的心得，在美国的困扰和苦恼，在这个小团体中倾泻自己的烦恼，收获正能量。

尽管时间有限，但通过与美国当地华人交流我发现，即使同在美国，即使美国的移民文化包容性强，第一代移民的华人，依然有着难舍的中国情。他们家中存放着中文书籍、中国的茶叶，甚至中草药材。他们的言行举止，他们的饮食起居，无不烙刻着中国的印记。他们也教自己的子女说汉语，用筷子，甚至鼓励子女们飞回中国，感受大城市日新月异的变化，小城镇突飞猛进的发展……

在美国的华人是一个群体。他们曾经跨越大洋，飞向遥远的彼岸，又在当地聚成一团。正所谓"聚是一团火，散是满天星"。出国前，我曾听到一种说法，说华人不团结，街上问路，也许华人都不告诉你。但真正到了美国，我感受到的是华人的热情和集体的温暖。密歇根大学的华人校友曾经组织一次聚会，大家相聚在安娜堡，共叙情谊。华人教会里，当地的中国人定期相约在一起，共同讨论人生，分享欢乐与苦恼，互帮互助，互通有无，并慷慨无私地帮助来美的留学生……我愿意相信，不只在安娜堡，在密歇根，在美国的其他城市，也有许许多多这样热心而富有凝聚力的中国人，在为中美的协同发展、世界的和谐进步贡献着自己的力量。

无论吃着怎样的食物，说着怎样的语言，穿着怎样的服装，驾驶着怎样的交通工具，在美国的华人身上流着的华夏民族的血液没有改变，他们对中国的思念和热爱没有中断，他们的祖先和后代，为着人类共同的梦想追逐和奋斗的脚步，始终向前……

伍 移民还是回国？

您可以想象这样一幅画面：一辆雷克萨斯停在别墅的门口，室内，黄油被涂抹在面包上。主人西装革履，登上皮鞋，把门上锁，打开车门。家中响起几声犬吠。

您也可以想象这样一幅场景：一个父亲，怀里抱着 2 岁的儿子，手边牵着 10 岁的女儿，晚上 8 点在火车站饥肠辘辘、眼巴巴地等待孩子的母亲。这个母亲充满了纽约律师的风雨雷电般的犀利，有着三言两语击中人软肋的直爽和干练。

您还可以想象这样一个镜头：一个 30 岁出头的中国女人，肩上搭着一条裹尸布，浑身上下透着不吉祥，因此，还不能坐电梯上到高层，而是得一级一级爬楼梯上去，找到死者的家里，用裹尸布将尸体裹好驮着，一级一级地走下去。

……

这些只是移民美国的部分中国人的缩影。

第一个是我的一位工程师朋友现在的生活；第二个是当年旅美如今 40 岁的北大高才生，如今的纽约律师一家的生活。第三个是 20 世纪 80 年代刚刚兴起出国潮的时候，我的一位阿姨在美国的真实经历。

一晚证券法补课，老师连续讲了 3 个小时，下课后我和 Flora 一起去吃饭，两个人踱步在冷飕飕的寒风里，一路走一路聊天，聊到她过去的朋友们的婚姻经历、生活的轨迹、有趣的人和事。原本打算去"家乡"餐馆吃顿大餐，但两个人都很疲惫了，就近去 Panda 吃了简餐。陪她走到停车场六层，坐着宝马 X3 一层层绕下来。

路上我问她，当年在国内读本科的时候有没有想过 30 多岁的人生会是现在这个样子，她说跟想象中相差无几。走惬意的步调，跟做金融的德国男友订婚，住宽敞的房子，开舒适的车，听喜欢的音乐，做惬意的工作。

Flora 今年 34 岁。

她在国内读了法学本科，在澳洲读了 LLM，国内知名律所工作了三年，又应聘到博世集团做法务，被派驻到德国待了半年，后来又到了博世的美国公司。她刚与德国男友结婚，在美国安家了。

这是一个典型的读书、工作,最终移民美国的中国女孩的经历。

这些人、这些故事,让我想起从20世纪80年代开始到现在汹涌澎湃的出国潮。移民定居的亲朋好友中,事业有成的,居家做主妇的,小孩上了名校的,各色人等都有。

以及随着改革开放、经济发展而兴起的回国潮——如今40多岁的精英的回归。

移,还是不移?

这或许是每一个到美国留学的中国学生都思考过的问题。

我母亲的一个朋友,李阿姨,也就是本文开篇曾经在美国靠驮死人维持生计的中国女人,是20世纪80年代独自闯出国门的。在国内,他们都有稳定的工作,她的爱人还是一个医院科室的骨干,上升前景甚好。出于对美国的向往,她迈出了这一步,而当时她爱人还在国内。

在美国扎根稳定之后,李阿姨对她老公说,"许达,你不跟我出国,我就跟你离婚。"

这位许达叔叔最终还是跟随媳妇出国了。

他们在美国一个小城市开了中医诊所,他们的儿子上了哈佛。

这是一个典型的移民成功的故事,也是典型的夫妻一方先出国,把另一方带来的故事。

宗靖阿姨也是20世纪80年代到美国,丈夫学电子,国内名牌大学毕业。

然而他们放弃了专业,在美国开了餐馆。

我听到的故事是这样的:她的丈夫很斯文,在餐馆开业伊始,面对两个闹事的大厨,激愤之下他把菜刀一拍,大吼:"你们还想不想干了？"

中国书生就这样干了餐馆老板。

这一干就是二十年。

辉哥和辉嫂，就是本文开篇提到的北大高才生，在纽约读了博士，留了下来。辉嫂起初是跟人学徒，后开起了自己的律师事务所，专做房地产业务。辉哥早期也有工作，朝九晚五，后来有了孩子，辉嫂一个人忙不过来，无奈之下辞了工作，男的给女的做了秘书。

他们住在新泽西，工作的地方在纽约，女儿10岁，在新泽西上学，儿子2岁，由辉哥照看。他们的生活就像住在北京通州的打工者每天开车40分钟~2小时到北京城区上班，每天早上开车去城里，晚上开车回来；或是坐纽约和新泽西之间的火车——绿皮的、通体陈旧的老式火车。

生活在美国的曾哥和他的媳妇，男的读博士后，女的开淘宝店，专门倒卖名牌包和化妆品等，两个人以此维持生计。

……

数以千计的人来了，留下了。

数以千计的人走了。

在宗靖阿姨的父母家，我看到一张照片，是一个长相甜美却洋气得很有欧美范的女孩。老爷爷说："这是我的外孙女，她叫Samantha。你看这照片，像个洋妞似的！"照片上的女孩就是宗靖阿姨的女儿。碰巧的是，她也在密歇根法学院就读，是JD学生，我去的时候她已经是三年级了。

在一年的学习中，我和Samantha相聚的时间并不多，但仅有的几次见面，我发现她不仅中文说得磕磕绊绊，很多音发得不标准，生活习惯和文化也都跟美国人无异。作为第二代移民，她是典型的黄皮肤黑眼睛却骨子里是美国人的华人。在法学院，她的成绩不错，有一次，我旁听国际项目融资（International Project Finance）的课程，她恰好在台上做一个主题分享，就提到"在我外婆的家乡，调解是很常见的纠纷解决方式"。

我常常看到她和其他美国女孩在一起有说有笑，分享着很多我听不懂的段子和话题。这样的融入对她而言是理所应当的，对我和大多数第一代移民而言却是不可能的。

临近回国的时候，我和妈妈到迈阿密宗靖阿姨家住了两天。让我感慨的是，她们家的书橱里陈放着很多中文书，有《大学》《史记》《资治通鉴》等国学经典，也有各种华文小说。是 Samantha 的爸爸喜欢阅读的。虽然离开中国二十多年，他却从未放弃过阅读中文的书籍和报刊。而对 Samantha 来说，这些书籍却很少触碰了。

在迈阿密的南海滩（South Beach），宗靖阿姨和妈妈两个人亲密地聊天、叙旧。海边的店铺熙熙攘攘，我们在海滩玩水，又到这些琳琅满目的商店逛街、购物，吃各种美食。

看到妈妈和宗靖阿姨的亲昵，我能体会到她们作为大学的闺密，如今天各一方，再相聚是多么不易。而对宗靖阿姨来说，早年漂洋过海，与曾经的故土和好友作别，在美国打拼到今天，过上一种跟国内很不相同的生活，个中滋味也只有自己能体会了。再苦再难，也要坚持下去，就算是平凡的生活，也会充满信心地走下去。

迈阿密的南沙滩上，太阳炙烤着大地，掀起一阵阵热浪。开阔的海港上，成群的船舶停靠在岸边。我们伫立在港口的大桥上，遥望远方风起云涌的天空和波涛汹涌的大海。

记得萨特是这样比较美国和欧洲的都市："欧洲的城市漂亮而封闭，着实有点令人感到窒息；那曲折环绕的街道会使人产生要撞墙的感觉；一旦身处城中，你便无法看到城外的一切。而在美国，这些城市的街道畅通无阻，又长又直，宽阔如运河一样，会把你的眼光带出城外，饱赏野景。因此，不管在哪里，你都可以在街道的尽头看到连绵的山脉、广阔的郊野和茫茫的大海。"

美国，正如它的街道一样，有着海纳百川的胸怀。全世界的思想和观念在这个熔炉里交汇，原本应属于世界各个角落的元素聚合在了一起。

美国的华人移民有新老之分，老移民是20世纪或更早来美的，以从福建、广东来的为多数，修铁路和淘金是他们的历史业绩。之后，中国移民则像所有其他国家来的移民一样，发挥自己的专长做些经营，如开中餐馆和各种小店。新移民多数是近几十年来从中国台湾和大陆来的留学生及其家属，台湾的移民潮更早些，几十年下来他们基本立足了。

华裔移民多数靠读书谋一条出路。华人在美国留下的，很多是理工科背景，做技术相关的职业。少数文科生从事的多半是服务行业。华人在美国扎根的，第一代移民很少获得体面的社会尊重，但生活的衣食住行都能得到基本满足。他们的希望在第二代移民身上。比如，子女上了好学校，说一口流利的英文，跟美国当地人打成一片，没有隔阂，完全成了美国人。Samantha 就是典型，如今她在佛罗里达州做律师，找了当地的华裔药剂师，也已经成家。他们的命运与开中餐馆的父辈已大不相同。

在中国持续了十几年的出国潮、洋插队,如同"文革"中大批年轻人插队一样,遗留下了一个社会问题:单亲孩子。洋插队的结果之一便是离婚潮,为了出国,离婚;丈夫或妻子先出去一个,走的时候热泪横流,信誓旦旦,你等我我等你,海枯石烂不变心,一到海外光是寂寞和艰难再加上人们往往忽略的距离,不能够很快汇合的便只有分手;还有的是先后到了海外,好不容易团聚了,却发现彼此之间距离是那么远,远得跟陌生人一样了。

从最初的语言、文化使海外的中国人凑在一起,继而开店做生意又有了利益相关,抱团以后再滚雪球,把邻里朋友、七姑八姨都滚进去,这便有了中国街、中国城。稍有规模后,他们发现:老外还就吃这一点中国特色:古色古香的门面,挺胸凸肚的大佛,然后是中国菜,一样的黄瓜、茄子,在中国人手下能弄成如此美味。

其实,究竟哪里的月亮圆,每个人都有自己的解读。但是,越来越多的中国人随着时间的推移、祖国的发展,逐渐看清了当初镜花水月般的出国梦。在异国他乡生活与打拼的华人,那份清苦与寂寞,大概只有自己知道。

谈到回国与否,作家刘瑜写过这样一段文字:"他所不能忍受的,是'历史的终结',是那种生活的'尽头感',是曾经奔涌向前的时间突然慢下来、停下来、无处可去,在他家那美丽的院子里,渐渐化为一潭寂静的死水。"

不禁想起李承鹏谈移民的文章,讲无论国内的社会如何积贫积弱,环境如何蒙尘,食品质量如何粗糙,我们依然坚定不"移"。而想通了自己的这一代,我却依然在为下一代忧虑。小孩长大后是否要送出去留学呢？是在中学阶段就出去，还是干脆读完本科再出国读研究生？如果他喜欢美国，是留在那边过一辈子，还是工作几年就回国？如果工作了几年，还能否适应中国的变化？

这一系列问题，相信不只是我一个人在考虑。

到底要不要移民？就我自身的感受而言，美国有美国的好，中国亦有中国的好。生活，一日三餐，无论在哪儿都一样。但如果做事业，中国的土壤肯定更适合中国人成长和发展。而且，国内许多城市的物质生活水平如今也不比美国差。随着5G时代的到来，高速发展的新科技预示着中国更广阔的市场、更丰富的职业发展机会和更加便捷的生活方式。与之相较，美国的弊端也逐渐显现出来。

对于移民与否，在哪个国家生活，最终还是个人的选择。无论如何选择，走出了一步，便是在岁月的经纬里不能回头的选择。

奋斗的人们心中常常带有执念。追逐与不放手是一种潜在的精神动力。而走过之后再回首，才发现要过好每一天的生活，体验其中的过程才更重要。

看不到未来的时候，付出所能付出的，其他的交给时间。对几乎每一个移民美国的华人来说，当忙碌的脚步停下来，仰望一轮明月之时，心中都会升腾起一种离愁别绪。

毕竟，月是故乡明。

只是，岁月的长河滔滔，无论走哪一条道路，一旦选择了，就注定不再回头。虽然也有港湾，但更多是面对激荡的湍流。

就带着一颗热爱的心勇往直前吧。只要无悔，便也一切安好。

愿因快乐而出去的人能收获快乐，无论回或者不回。

愿因低迷而出去的人能收获一种别样的幸福，无论移或者不移。

愿心中携带种子的人，无论在哪里，都能收获丰硕的稻粱，无论走或者不走。

特别提示：华人留学生在美国要注意的事项

1.**对黑人不要有歧视。**虽然美国的黑人歧视经过各种游行运动和宣传有所好转，但中国人要了解，对美国的黑人来说，他们依然很忌惮别人把他们看作异类。在公交车上，在商场和其他公共场所，遇到黑人不要刻意躲闪。特别是在跟黑人握手或有肢体接触时不要带有负面情绪，否则会引发一些意想不到的后果。

2.**不要独自去偏僻的地方。**美国治安不比国内，很多街区依然有犯罪行为发生。密歇根大学就经常在公共邮件里发送犯罪通知，警示大家近期不要去某某街道，哪里发生了抢劫案件等。尽量不要一个人行走在偏僻的小路，特别是夜晚，尽量结伴出行。

3.**注意防范风险。**美国枪支自由，所以在与人交往的过程中要注意避免激烈的冲突。美国人很注重隐私保护，不要窥探他人，不要打探别人的隐私，涉及家庭、情感的信息少问。如果不小心侵犯了他人，要及时道歉，注重礼节。

4.**学会抱团取暖。**在美国的中国人毕竟是少数，抱团取暖才能有更多朋友和依靠。在与当地华人的交往中要注意不触及宗教信仰，多谈论生活，少涉及意识形态的争论。

5. 紧急时求助使领馆。用备忘录记下中国大使馆和当地领事馆的电话,在特别紧急的情况下,求助当地的使领馆。美国当地的警察对中国人不会特殊对待,但使领馆不同。正如电影《战狼2》的台词:"当你在海外遭遇危险,不要放弃!请记住,在你身后,有一个强大的祖国!"

第六章
了解一个真实的美国

壹 首都华盛顿特区

在密歇根安娜堡这个巴掌大的小镇子，远离闹市，很难感受到小时候听来以及传说中的美帝国主义的"腐朽"与繁华。Alex 师兄说，他刚来安娜堡的时候也有同感，完全感受不到美国的霸气。直到在东海岸转了一圈回来，才觉得自己真的来到了美国。

受他影响，秋假，我一个人飞抵东海岸，选择了华盛顿特区和纽约，希望感受真实的美国。

我于当地时间 14 点 20 分抵达机场。华盛顿特区气候良好，恰逢十月金秋，干爽宜人。一次降霜后，道旁的树叶从绿色转为红、橙、黄、棕等美丽的颜色。

我住在乔治·华盛顿大学（George Washington University）校园里的一家名叫 Allen Lee Hotel 的旅馆。从宾馆后门走出去不远，就能看到华盛顿纪念碑。

早上，晨曦微露，校园里还空荡无人。我一个人在校园里踱步，看各种雕塑和历史文化墙。杰奎琳·肯尼迪、玛格丽特·杜鲁门、戴维·艾森豪威尔的母校，被誉为"政治家的摇篮"的乔治·华盛顿大学，通体覆盖着智慧的尘埃。

转了几圈，终于找到法学院。两米多高的雕花大门沉重又肃穆，我花了很大力气才勉强推开。楼道里静谧无声，一个人脚步放轻，环顾四周的历史墙，仿佛每一个角落都在诉说着一段故事。阳光透过一米多高的白色窗子投射进来，形成一串自由的纵深。

在华大读LLM的浙大校友安琪带我逛了校园。

安琪告诉我，乔治·华盛顿大学是美国顶尖的私立大学之一，位于首都华盛顿特区的中心，距离白宫、国务院及世界银行等只有数步之遥。学校有三个校区，设施优越，在教学楼、实验楼及宿舍楼建筑群中设有多个图书馆、体育馆、健身房、医院、各类大小型商店、餐馆、学生活动机构等。校内风景怡人，有多片大草坪，雕塑喷泉及樱花树林立，古典与现代建筑楼交相辉映。

它是在1821年经由国会的一项法案创立的。经过近200年的风雨洗礼，乔治·华盛顿大学已发展成为一所规模庞大、声誉卓著的国际性研究机构。今天，它以其巨大的国际声望和独特的地理位置，吸引了来自全美以及全世界130多个国家的2.3万多名优秀学子。这些学生分布在位于华盛顿雾谷、弗农山和弗吉尼亚的三大校区的九大学院里，在4000多位全职和兼职教师的悉心指导下接受着高质量的教育，开展广泛而前沿的研究。

从诞生之日起，华大就跟美国政府关系密切。它的"可靠性和风险分析研究所""政府和商业管理学院"往白宫及幕僚机构源源不断地输送新鲜血液。甚至有的国家"命门"就寄身在该校，如一所情报判读机构的全称就叫"乔治·华盛顿大学国家安全档案分析所"，还有著名的"乔治·华盛顿大学空间政策研究所"，实为里根时代"星球大战"计划的幕后操盘手。

我们在校内的咖啡厅小憩。歇息片刻，前往华盛顿纪念碑。

在河边跑步晨练的人匆匆而过。

高耸入云的华盛顿纪念碑向人们诉说着首届美国总统华盛顿为人类进步所做的伟大贡献

这里像个庄园，没有想象中的高楼大厦，而是由许多漂亮的、光彩夺目的白色建筑物按古希腊圣殿的高雅式样建造而成，这些建筑伫立在宽阔的马路旁，四周绿荫掩映，到处喷泉点缀。

安琪说，华盛顿特区是以受人爱戴、钦佩、尊敬的美国第一任总统乔治·华盛顿的名字命名的。1791年，华盛顿亲自安排买下了建造这座城市的土地。这些希腊圣殿般的建筑物，大多是展览馆和政府机关。

政府工作是华盛顿特区的主要事务。政府办公主楼被称为国会大厦，有着高高的圆顶，看上去有点像伦敦的圣保罗大教堂或者罗马的圣彼得大教堂。它坐落在一个小山上，俯视以石溪公园为界从中分开的整个城市。

第六章 了解一个真实的美国

华盛顿特区有众多的人文景观。例如，美国华盛顿国家广场有美国国会大厦、白宫、华盛顿纪念碑、杰斐逊纪念堂、林肯纪念堂、富兰克林·罗斯福纪念碑、国家第二次世界大战纪念碑、朝鲜战争老兵纪念碑、越南战争老兵纪念碑、哥伦比亚特区第一次世界大战纪念碑和爱因斯坦纪念碑。和特区内的博物馆一样，大多免费开放。华盛顿纪念碑可乘电梯到顶，观赏特区的景色。

华盛顿特区是一座美国人缅怀他们那些著名总统的城市。例如，杰斐逊纪念馆是一座很漂亮的白色环形建筑，屋顶由高高的柱子支撑着，里面竖立着杰斐逊的塑像。

一条又长又宽的林荫大道通往国会大厦。大道的另一端，一个高高的白色针状建筑物直插云霄。不用说，这是世界上最高的"针"——华盛顿纪念碑。

华盛顿纪念碑是一座大理石方碑，呈正方形，底部宽22.4米，高169米。纪念碑内有50层铁梯，也有70秒到顶端的高速电梯，游人登顶后通过小窗可以眺望华盛顿特区全城。

我们顺着林荫路缓步徐行。林荫路的两侧是一些展览馆和政府办公楼。

抬头望，看到了林肯纪念堂（Lincoln Memorial）。这是一座用通体洁白的花岗岩和大理石建造的古希腊神殿式纪念堂，它被视为美国永恒的塑像及华盛顿市的标志，是为纪念美国第十六届总统亚伯拉罕·林肯而建。纪念堂位于华盛顿的国家大草坪西端，碧波如染的波托马克河东岸上，与东端的国会大厦遥遥相望。

一座大理石的林肯雕像放置在纪念馆正中央，他的手安放于椅子扶手两边，神情肃穆。雕像上方是一句题词——"林肯将永垂不朽，永存人民心里"。林肯的葛底斯堡演说和他第二次就职时的演讲词也刻在大理石墙上。馆内 36 条圆柱代表林肯逝世时美国所划分的 36 个州。沿着纪念馆的阶梯往上走，绕过林肯雕像背面，就能看到美国国会大厦和华盛顿纪念碑的壮观景色。

碧波荡漾的水池中，隐约透着华盛顿纪念碑的倒影。直指天际的纪念碑下，河水缓缓流淌。景致迷人。

安琪说，自从马丁·路德·金在这里发表著名演说《我有一个梦想》后，这里也是那些热心革除社会弊端的人士的聚集地。

学习法律的我们对林肯都有着浓郁的情结，因为林肯曾是美国一位著名的律师，为美国的统一和民主进程做出了卓越的贡献。在林肯纪念堂前，我久久站立，不愿离去。林肯的伟大思想仿佛穿越历史的波涛，汹涌而来。

参观博物馆用了一天时间。傍晚，约了浙大好友、在华大读国际政治的 Rachael 吃晚餐，饭后我们一起去五角大楼片区参观她的住所。

夜幕下星光点点，旁边是一个教堂模样的建筑。站在这里，不禁让人联想到美利坚几百年历史中弥漫的硝烟。分久必合，合久必分。美国人用独立战争赢得了自由，用南北战争换来了奴隶制的废除。华盛顿、林肯这些名字就像夜空中的繁星在闪耀，永垂不朽。也许正是有了这些杰出的领袖，这些伟大的灵魂，才有了美利坚岿然不倒的基石。

安顿下来，洗漱休整，放松劳顿了一天的身心。躺下的刹那，下意识地提醒自己已身处异乡。

在华盛顿的第二日，我去乔治城大学看望我在浙大法学院的同学宋岑，顺便参观了这所大学。乔治城大学主校区位于华盛顿特区的市中心，坐落在风景如画的乔治城以及波多马克河边；校园内的著名建筑希利堂（Healy Hall）被收录在美国国家史迹名录（National Historic Landmark）中。乔治城大学距白宫西北面两英里左右，许多外国使节的子女在此念书，因而赋予了该大学很浓的国际色彩和"政客乐园"的称誉。

宋岑在乔治城大学读 LLM，师从国际经济法领域一位知名教授——被称作"WTO 之父"的 John Jackson，她的理想是从事与 WTO 有关的工作。我们彼此鼓励，希望在美利坚这个国度学有进步，业有所成。

剩下的日子，我一个人静静地坐在华盛顿纪念碑下，享受这片怡人的风景；又走走停停，转了财政部、FBI 等部门所在的城区。对这座城市的总体印象是恢宏壮阔，有着帝都的豪迈与磅礴。它于历史的澎湃中彰显着古建筑的生命力，仿佛从未老去。

华盛顿像是一个沧桑老者叙说历史的传奇，如活力四射的青年涌动激情，仿佛妖娆的少妇风情万种不可方物，又似稳健的绅士身手矫捷且装扮一新。没有粉饰的奢华，华盛顿的现代感与首都感从骨子里自然散发，而浓郁的生活气息又从城市的街道间氤氲蒸腾，形成一种奇妙的气韵，汇聚成这座城市特有的诗意豪情。

安琪说，如果可以选择，华盛顿特区是一个适宜长久居住之地。

贰 纸醉金迷的大都会纽约

电影《北京人在纽约》中有一句经典台词："如果你爱一个人，就送他去纽约，因为那里是天堂；如果你恨一个人，也送他去纽约，因为那里是地狱。"

去之前总听人说，纽约这个城市脏乱差，秩序混乱，忌单独出行。真正到了纽约才发现，所谓的混乱，要看在哪片区域。繁华的曼哈顿上城区摩天大厦林立，西装革履的金领们行色匆匆，秩序井然有条；而下城区的街头堆满垃圾，随处可见衣衫褴褛的乞丐，空气中飘着怪味，讲西班牙语的小商贩络绎不绝。这让我联想到巴黎，同样的脏乱差，风格却全然不同。巴黎的凌乱建立在浪漫闲散的文化风格之上，而纽约的拥堵则像是亿万金钱累积的负担。

纽约人的生存状态也各有特色。在哥伦比亚大学和纽约大学的同学，一心想着如何找份体面又挣钱多的工作，能够在这个竞争白热化的环境里生存下来；在纽约开律师事务所的辉嫂，事业有成，房车齐备，儿女双全，却总是感慨着生存的艰辛，劝我早点回国工作。时代把每个人塑造成它所需要的模样，无论在美国

纽约时代广场

还是在中国。一分耕耘一分收获，逆水行舟，不进则退。

走在纽约街头，到处可见与时尚有关的画面，空气里也弥漫着自由的气息。我想起电影《海上钢琴师》里，行船上黑压压一片逃难者，拥挤在一起，又累又饿，看到自由女神像的那一瞬间，高呼"America！"的场景。

是的，纽约仿佛成了美国的象征，成了自由与民主的代言。

华尔街一片萧条。临近的一个地段被大群的民众占领，他们高举着标语，有的高呼口号，有的静默不语。标牌上写着，"向富人征税（Tax the rich）""投资创新，创造就业（Invest in innovation to create jobs）""我们是那 99%（We are the 99%）"……

这就是著名的"占领华尔街（Occupy Wall Street）"运动。占领华尔街是一连串主要发生在纽约市的集会活动，由加拿大反消费主义组织广告克星发起。行动于 2011 年 9 月 17 日开始，当日，近 1000 名示威者进入纽约金融中心华尔街示威，警方更一度围起华尔街地标华尔街铜牛阻止示威者进入。活动的目标是要持续占领纽约市金融中心区的华尔街，以反抗大公司的任性贪婪和社会的不公平，反对大公司影响美国政治，以及金钱和公司在全球经济危机中对民主、法律和政治的负面影响。组织者试图通过占领该地以实现"尽可能达到我们的要求"之目的，具体要求在运动中逐渐产生。

警察们荷枪实弹，戒备森严。有的地方竖起栅栏以阻止示威者前行，对立情绪异常紧张。

联合国大厦和"9.11"纪念地并没有带给我更多惊喜。倒是与好友相约的哥伦比亚大学及纽约大学之行让我收获颇丰。哥大宏伟，纽约大学气派，这两座纽约高校"双子星"，本身都是很可爱的。我在法学院和朋友相聚，体会校园文化。

傍晚饭局上，我们聊起纽约和华盛顿特区。朋友说，它们的差异是文化的，是地域的，也是历史的。就像一个南方人和一个北方人一样，永远那么清晰可辨。

华盛顿特区是美国的政治中心，带着浓郁的首都范儿。"天子脚下，大邦之地"。说到底，华盛顿特区带有浓厚的政治气息。纽约虽然也有联合国总部等政治场所，但纽约毕竟是一个商业大城市，街道楼宇之间充满着商业气息。或因楼房过密、寸土寸金的缘故，在视觉上并不呈现那种宏伟的气象。所以，纽约虽大却不显大。这也许和两座城市的气质有关。毕竟一个是都，一个是市。

在建筑上，华盛顿特区的楼有着古希腊庙宇般的恢宏，不会很高，但个个宏伟，它们大多是国会、部委等，稳重大气。纽约则不同，高楼林立。建筑物作为一个城市最直观的表象，二者的差异很明显。

除了外在的不同，论及内在文化，两座城市也有所不同。在我的印象里，华盛顿特区属于政治精英聚集地，作为政治、经济和文化中心，让全国有理想，特别是有政治理想的人竞相投奔；而纽约则像一个商业王国，各色人种、各国人都汇聚在此，从打工仔到高富帅，每个人都能找到自己的位置，谋得发展。

从国际化的角度，纽约更能代表美国的兼容并蓄之精神；而华盛顿特区更本土化，更适合美国当地人的发展。当然，这也是我一己之见。

叁　世界最美的城市旧金山

当阳光洒在昨夜
泪水未干的枕上
我刚刚醒在一个
没有你的异乡
谁说幻灭使人成长
谁说长大就不怕忧伤
California 的阳光
让它治疗我的忧伤
好让我更坚强
不用在乎遗憾的过往
……

春假，我们几个同学一起去了加州。第一站是旧金山。

橙色的加州阳光有着哲学般的治疗作用，暗蓝色的忧伤与阴郁曝晒在阳光下的瞬间，即幻化为希望的泡沫，向着太阳的方向升腾。千缕灿烂明媚的阳光散发着炫目的光辉，而那阳光下的风景纯美如身着洁白长裙的 16 岁女子。

"旧金山，敞开你的金门吧！"剧院里的那位歌女演唱道。

她没有唱完她的歌。这一天是 1906 年 4 月 18 日，大地震动，屋顶突然分裂，高楼大厦轰然坍倒，人们纷纷从屋里逃出，冲上街头。

在加利福尼亚州沙漠里发现金矿后成长起来的这座城市，就这样被可怕的地震摧毁了。

如今，旧金山的街道四处延伸；遍布四十多座陡峭的小山，耸立于太平洋蓝色的海域之上。

据说旧金山天气阴晴不定，海风很冷很大。果然，抵达旧金山郊区时就已阴云密布，驶入市区，忽然大雨倾盆。在渔人码头等船的时候，雨骤然变小，而当游船抛锚起航时，天空奇迹般地放晴。伴随着音频解说中优美的音乐，金门大桥一小时的观光游开始了。

晴空万里，碧波万顷，漆着鲜红颜色的金门大桥屹立在浩瀚的太平洋上。伫立甲板上，沐浴海风，远眺旧金山全景，但见高楼林立，都市繁华。只是海风过于猛烈，吹得头发飞舞，站立不稳。尽管如此，我们一行依然兴致高昂，毕竟此生能够在碧蓝的海上乘风破浪，于金门桥下穿行而过的机会并不多。

睁开双眼，企图把眼前至美绝伦的风景映入心底，刻入记忆，仿佛眨眼的时间对欣赏美景而言，都是一种浪费。

驶过闻名遐迩但现已空无一人的阿尔卡特拉兹监狱，继而看到旧金山城市的高楼，一小时短暂的观光行将结束。下船移步，便至渔人码头。海风，水鸟，极具特色的店铺，餐馆，形色各异的观光游客……

乘车离开，前往唐人街。唐人街是美国最大的华人聚居地，也是旧金山最著名的街区。这里安全、紧凑、五彩缤纷，充满了生活的气息。唐人街的入口是在布什大街上格兰特街的南端，大门以绿瓦盖顶，几条生动的龙很有中国的味道。格兰特街是社区内主要的街道，密布着商店、餐馆，绚丽的门面吸引着游客和市民。中国文化中心举办华裔美国人的各种展览，也安排唐人街历史游、唐人街美食游。华人历史会社讲述着唐人街的历史和华人在美国的艰难岁月，各种文献记载也证明了华人社区对旧金山历史的贡献。唐人街最好玩的街区就是韦弗利广场，这里的许多建筑是由华人慈善组织捐助修建的。罗斯巷则是深藏在街区中狭窄弄巷的典型，不时有甜点心的香味从巷里飘出。太平洋遗产博物馆也是值得一看的。

中午在唐人街的一家湖南餐馆就餐，老板讲粤语。风卷残云后留下杯盘狼藉，起身匆匆赶往九曲花街。

虽然旧金山人喜欢乘车代步，可是依然有人喜欢爬上坡度很大的街道。抓住栏杆攀登，沿途欣赏绚丽多彩的店铺，从电报山上眺望美景，饱览带有喷泉和花园的住宅。细心观察会发现，全市的汽车在停靠时为了防止滑动，车轮总是向着人行道的。并且，无论走到哪里，都不容易迷路。在大多数的主要交叉路口，都有一幅街道（朗巴德街、俄亥俄街、市场街等）的详图刻在人行道的石头上。只要低头看一下，就知道自己所在的位置了。

艺术宫令人印象颇为深刻。哲学、美术和音乐教育之深刻蕴涵在绚丽的天顶画和各色浮雕之中，彰显出皇家的优雅与修养。艺术的力量无形中感染着美利坚，正如教堂里免费的音乐会。人们静坐其中，闭目冥神，聆听天顶的风琴，这情境让人回到了18世纪。

接受过艺术宫的恢宏洗礼，步行过金门大桥之后，来到最后一站——旧金山公园。旧金山的傍晚堪称一天中最迷人的时分。汽车绕盘山公路驶上半山，下车就看到了大片的火烧云。夕阳火红的光芒笼罩着繁华的都市，那般壮美恢宏，令人凝神屏息。

闭上双眼，仿佛还能看到卡珊德拉从容不迫地"像一头众神赶着的羊，勇敢地走向祭坛"，仿佛还能听到雅典娜振聋发聩的忠告：

  有了合理的敬畏，

  你便有了堡垒，

  它维护你的城邦，

  维护国家领土。

  希腊的萨提儿歌队充满正义的呼声，划破千年的长空，用独特的方式潜移默化地影响着世世代代。

  睁开双眼，火烧云渐渐隐没，夜幕降临。

  有人说，旧金山是全世界最美的城市，每个到达的游客无一例外会爱上它。一天的行程虽然紧凑匆忙，但也足以览胜。于我们这些凡夫俗子而言，无疑是场视觉的饕餮盛宴。临别之际，华灯初上，凝视窗外，心中默念19世纪一首歌曲中这样的词句："旧金山，我到你的身边来了！"

  当然，我带不走你的一丝云彩。

  可是，我带走了你的美，带走了对你的感觉与感悟。

  旧金山，世界上最美的城市与最凄绝的悲剧。

  是的，让个体在整个宇宙的压力下独对苍天保持尊严。

  这本身的美与凄绝就让人奋进并崛起。

肆　天使之城洛杉矶

  在问询处领取了城市地图，出站搭乘观光游览车，开始了洛杉矶一日之行。与旧金山大相径庭，洛杉矶这座城市布满了旧街巷和老建筑，也布满了购物长廊和大型商贸中心。艺人们在街头巷尾演奏音乐、表演舞蹈，市民在市中心骑车穿行，人们步履匆匆而富有活力。

在海港驻足，欣赏海港渡轮和游船工作的胜景，美西最大港口之魄力尽收眼底。但也许是看过了旧金山的缘故，洛杉矶港口与渔人码头之 39 号码头（Pier 39）颇为相似，少了新鲜感，也就没有颇为震撼的感觉。

在洛杉矶的时间虽然短暂，但触摸一个城市的灵魂并不取决于停驻的时间。

洛杉矶之行，最难忘的莫属在洛杉矶街头夜晚迷路地游荡。地图上的宾馆 Holiday Inn 位于"Abraheim Avenue"，我们却误闯入"Abraheim District"，在长滩（Long beach）附近的公路上找寻预定的旅馆。几个身着汗衫肩背重负、饥寒交迫、汗流浃背的中国人，行走在茫茫夜色里，不时发出阵阵怪笑，令路人毛骨悚然。

路上，我们（We，以下简称 W）遇到了警察（Security，以下简称 S）：

S："You are on foot？"（你们是步行来的吗？）

W："Yes, we are on foot."（是的，我们是步行的。）

S："Where are you from？"（你们从哪里来？）

W："We are from Long Beach. Actually, we are from Michigan."（我们从长滩来。事实上，我们从密歇根来。）

S："Oh my god. You said you are from Michigan？ On foot？"（天哪，你们说你们从密歇根来？步行？）

W："Yes, actually, we are from China！"（是的，事实上，我们来自中国！）

S："Jesus, how do you make things such a fantasy！"（上帝啊，

您怎么可以让事情如此戏剧化！）

夜间的灰狗巴士上，我没有睡着。失眠，看着窗外飞驰的点点灯光，回想一幕幕过往情景中模糊的片断。就在这朦胧与清醒交织之间，我们于凌晨抵达了目的地。

除拥有发达的工业和金融业，洛杉矶还是美国的文化娱乐中心。一望无垠的沙滩和明媚的阳光、闻名遐迩的"电影王国"好莱坞、引人入胜的迪士尼乐园、峰秀地灵的贝佛利山庄……使洛杉矶成为一座举世闻名的"电影城"和"旅游城"。

洛杉矶市区广阔，布局分散，整座城市以千千万万栋一家一户的小住宅为基础。绿荫丛中，鳞次栉比的庭院式建筑，色彩淡雅，造型精巧，风格各异，遍布于平地山丘上。市中心有十几幢数十层的高楼。高速公路与城市街道纵横交错，密如蛛网，四通八达。洛杉矶道路面积占全市面积 30% 左右，是美国高速公路最发达的城市，也是全美拥有汽车最多的城市。

一行中，难忘 Andrew 悉心安排行程的殚精竭虑，大家结队去灰狗车站洗手间的如履薄冰，凌晨 5 点抵达北好莱坞（North Hollywood）游荡洛杉矶街头的新鲜与茫然，晨曦微露时在环球影城（Universal Studios）门前啃着三明治从黎明到天亮的焦虑与执着；难忘环球影城的 4D 影院里的史莱克（Shreck）与终结者（Terminator）的逼真动魄，鬼屋（House of Horrors）的恐怖尖叫，木乃伊（Mummy）过山车的惊险刺激；难忘游历侏罗纪公园乘小船沐浴阳光体验恐龙生活的惊喜，赏环球著名电影拍摄原景的惬意，看水上激战飞机降落潜艇飞驰被溅湿全身的狼狈，看各种挑战极限表演的惊奇；难忘坐上迪士尼的星际之旅（Star Tour）体验星际争霸，经过卡通城（Toon Town），拜访米老鼠仿佛回到童年时代，乘马克吐温豪华游轮赏绝美风光；难忘小火车的可爱汽笛，鬼屋中幽灵们的圣诞欢歌，小熊维尼家中的温馨陈列，激流勇进（Splash mountain）中的水上冲浪……

更难忘的，还有洛杉矶主城金融街区满目繁华的撼人心魄，长滩火红落日的恢宏壮美，以及好莱坞星光大道上的群星璀璨……

提到好莱坞，我想起一位学者曾写过：好莱坞的电影里，最大的幕后黑手往往藏在政府内部，最后还得依靠个人英雄力挽狂澜；相反，国产电影里，政府是最后的"救世主"。两国影视中刻画的政府形象如此不同，反映出人们对于政府的认知差异。

其实，支配好莱坞电影的背后逻辑，乃是美国的宪法精神。虽然美国人很不愿意为他们的宪法找一个统一的"指导思想"，但谁都不否认，有一种内在一致性逻辑，深刻影响着当初制宪会议的各项议题，最终体现在一部成文宪法之中，并且支配着美国200多年来的法治实践：这种逻辑就是对政府的怀疑。

有人说，美国政治是"双城记"，一城是华盛顿特区，另一城是好莱坞影城。在文化的意义上此言不虚。华盛顿特区提供权力与政策，好莱坞则供给理念与价值。从好莱坞这些政治题材的影视剧看，美国可能是世界上最热衷于批判自己政府和体制的国家；但这样做的目的，并不是鼓励人们去摧毁政府、摧毁国家，而是提醒人们时刻保持对政府理性而清醒的认知，最终目的是强化美国的自由、民主的宪法价值，让政府丝毫不敢懈怠。

电影世界，繁华都市，童话王国……

这就是洛杉矶。

难忘洛杉矶，不仅因为市中心的繁华，环球影城的炫目，迪士尼的浪漫，也因为在这座城里，富豪与贫民俱在，黑人和白人聚居，有着复杂而冲突的美感。

还因为，在这座城里，有我奋斗着的朋友。

更因为，在这座城里，有无数在路上，为了梦想踽踽独行的中国人。

虽然旧金山与安娜堡的宁静和旧金山的优雅是截然不同的风格，但繁芜也有一种独特的美，像极了地铁站抽象派的壁画。

伍 度假，在水一方

密歇根湖

那年秋天，瑞士访问学者 Daniel 开车，载着另外两个访问学者和我，四个人一起前往密歇根湖。开车途经兰辛市，走到国家地理推荐的公园湿地，最后到达密歇根湖。蔚蓝的天空下，湖水静谧湛蓝，不带一丝波纹。

海鸟悠闲地聚在一起。走近些，几只海鸟低空飞翔，扑腾着白色的翅膀，激起一阵欢腾。到远些的海滩停落，再咕咕叫着，寻找新的伙伴。

一片云涌过来，湖水的碧波上映衬出高级灰色，却依旧干净得不掺一丝杂质。朦胧的天空下，细腻的米白色沙滩柔软似绸缎。

不一会儿，这片云奔向远方，太阳露出笑颜。阳光洒在平静的湖面，泛起晶莹的钻石般的光泽。湖边就我们几个旅人，除了我们相互之间的间隔很久才会有的呼喊与交流，其他时间，湖边都是安宁的,没有一丝杂音。

"Daniel!""Hey,Terresa! I'm here!"两个瑞士访问学者彼此呼唤,水面上荡起回声。远去的声音袭向伫立的灯塔,再折返回来。

我一个人坐在沙滩上休息,体验这只有辽阔天空、宽阔水面和心灵跳动的安宁,听见自己内心的声音。这声音无比动听美好,所有的不安和浮躁都在这一刻散去。

取而代之的,是满足、舒畅和坦然。

坎昆的海

坎昆在墨西哥。作为美国的后花园,这里吸引着众多美国人前来度假,坎昆的旅游业因此格外发达。

我和梦玮、菁菁还有菁菁的男朋友一起去了坎昆。我们分头飞过去,我直接到坎昆,他们三个人先去了墨西哥的首都墨西哥城。

见面的时候是下午。我早早到了住宿的地方,Crystal 度假酒店。炽烈的艳阳炙烤着南美洲的土地上,水晶宫般富丽堂皇的酒店建筑尖顶上有一颗明珠,在夺目的阳光下散发着璀璨的光环。

尽管 Crystal 酒店的位置在海滩附近,算是黄金地段,人却并不算太多,也许是我们去的时机尚好,不是最旺季。而且,这一条海岸线上有很多家酒店,游客们不一定都蜂拥至同一家。

房间带一个阳台,隔着玻璃可以看到宽广的海岸线。向两边望去,都是白色的楼房,外立面精美又干净。沙滩边是一丛丛遮阳的草亭子,下边是躺椅,很多穿着比基尼的游客在晒太阳。

梦玮来信息,说要晚上到。傍晚夕阳无限美好,我决定一个人去看看海。

换上泳衣，戴上墨镜，拎着必备的遮阳帽和披肩，我一个人走出房间，来到海滩。

海岸线宽广无边。走在细腻的沙滩上，脚下没有颗粒感，只感到松软和闲适。找一个躺椅坐下来，一个人跷着脚，喝一点水，看眼前的风景。

云朵一大片接着一大片，颜色介于玫红色和淡紫色之间，很像薰衣草的颜色，但又没有隆重感。虽然是黄昏，光线并没有黯淡下来，但是夕阳的余晖映衬着海水，还是散发出白天没有的温柔。一切都在静静流淌。在棉花糖一般的仿佛伸手可以触碰到的云的包裹下，我忽然感到一种前所未有的安宁。

问天何尝不是问自己？与外在对话，又怎不是重新与自己交流？心之声被无限放大。言由衷，行笃实，感受那恒久而绵延的力量，触探蕴藏在沧海、天地的真谛。那是一份真知，是一片深意，是一束悠远而明媚的微光。

接下来的三天，我和朋友们走过了奇琴伊察、土伦古城和其他一些景区，买到了玛雅人的彩釉年历盘子、木刻月神和日神面具等，感受着独特的南美风情。虽然梦玮说这里只来一次，不会再来，因为并不纯洁的环境、落后的交通、路上随处可见的蜥蜴爬虫和简陋的设施。但对我而言，在酒店后海滩那个温暖又辽阔的黄昏，倚靠在躺椅上与舒展的海岸线相拥，敞开心扉接纳薰衣草色的绵绵云朵，与天际相交融的对话，最是难忘。

也正是因为这次彻底的放松，繁重的学业带来的压力得到了纾解。经过这次假期，我将身心调整到了绝佳的状态，再回到学校时，感到整个人充满了元气和能量。

芝加哥的河

其实纽约也有曼哈顿河，河边有穿着健身装戴着耳机跑步的人群。因为先去了纽约，所以在芝加哥看到相似的情景时，我有一丝穿越感。

芝加哥的市中心并不大，我和妈妈很快就走完。穿行在大豌豆般的纪念徽标之下，看林立的高楼大厦，对比纽约飞耸入云的摩天大楼，感叹芝加哥旧贵族般的繁华。

芝加哥地处美国中部，与纽约同为大都市，是经济、文化和科教中心。这里是世界著名的金融中心，是美国最大的商业中心区和最大的期货市场之一，其市区新增的企业数一直位居美国第一位，被评为美国发展最均衡的经济体。此外，芝加哥还拥有很多世界著名的高楼大厦，被誉为"摩天大楼的故乡"。而享誉世界的芝加哥大学、西北大学等名校，让这座城市涌动着智慧与思想。

百老汇的著名音乐剧《芝加哥》讲述的就是这座城市里的故事。冷酷的钢筋水泥构筑的城市里，纸醉金迷，人性与善良经受着最强劲的考验。

而我和妈妈的脚步则更多流连于各种博物馆。大型的恐龙化石、仿真生物，让我恍若走进了电影《博物馆之夜》。而艺术气息浓厚的美术馆，街边的爵士和布鲁斯音乐，又让人感到浑然的人文魅力。

芝加哥河在桥下静静地流淌。我和妈妈站在桥上，头顶是一碧如洗的天空和干净的大朵白云。远方可见层层叠叠的都市建筑，近处是高楼大厦在水面的倒影。一阵舒适的凉风吹来，我扶了一下颈部的围巾，轻轻整理被风吹乱的头发。眼眶里充满了欣喜与舒爽。

20世纪末,有位诗人卡尔·桑德伯格把芝加哥称为"巨肩之城",意思是这座城的各种事物都很"大"。大型的建筑,大气的街道,大规模的精英,以及著名的大学。

我走过很多城,却只在芝加哥感受到一种繁荣和繁芜的张力在城市钢筋水泥的肌体里散发。或许这是由血液里的商业精明细胞与宽容文化因子相冲撞和磨合而产生的吧!

陆 毕业季再赴加州

科罗拉多大峡谷

科罗拉多大峡谷给我的视觉和心灵冲击,毫不亚于初次看到美国大都市鳞次栉比的摩天大楼时的瞠目结舌。

原来大自然如此鬼斧神工!

大峡谷片区幅员辽阔,占地面积极为宽广。我看过张掖的丹霞地貌,若对比大峡谷的面积,可能只是其十分之一。大峡谷地区较为干燥,地质面貌以险峻与奇绝居多。各种浑然天成的石头在风沙里染上一身黄土颜色,却并不因为色彩的单一而失去美感。

我和妈妈以及思晴和她的妈妈四个人搭车前往大峡谷。先是走过了一些经典景区,继而奔赴羚羊峡谷和布莱斯大峡谷。

羚羊峡谷是我见过的最美的峡谷,这里也是许多绝美的《国家地理》大片的拍摄地。实际上,羚羊峡谷最美的区域只有一小段,走过去20分钟就能看完。它最引人入胜的是顶部弯弯曲曲的造型。因为有"一线天"的造型,一缕光线打进来,幽暗的峡谷里各种石头纹路和曲线折射出不同的光泽,所以层层叠叠蜿蜒着,有了多彩的色相。同是黄色,却区分出了橙黄、土黄、明黄、淡黄与咖啡色。因为光的不同,影也产生了各种奇妙的效果。真是饕餮的视觉大餐。

布莱斯大峡谷则以众多竹笋般的叠拼岩石见长。各种造型都有,有的像人,有的像猴子,还有的像罗汉。高高低低的笋尖排列着,穿插着,交织着。远远望去,一片片层峦叠嶂的山岩布满这样的"雕刻",极为壮观。

入住的地方是一个度假酒店,就位于一片火山岩之中。吃过晚饭,天还是大亮,我和妈妈在湖边踱步,大大小小的火山岩就在不远处。如缎带般的宝蓝色湖水萦绕在这些岩石之间,仿佛一款大气绝伦的宝石项链。

妈妈印象最深刻的是穿越大峡谷的小飞机。她坐在飞机上,全身发抖,冷汗流了一身。我紧紧地抓住前排的靠背,在剧烈的低空飞行颠簸中控制着手中的相机,抢拍下一幕幕壮丽的景观。

这是峡谷的观光小飞机。只在低空飞行,却不是直升机,而是狭长的飞机,个头比波音 737 小一圈,内在的结构却一应俱全。

飞行员很帅气地扬起手,告诉我们一行四个人,游览开始。而由于低空气流不稳,震荡也是常常出现。我转身看看妈妈,她的眼睛始终紧闭着,紧张得全身僵硬。

飞机落地的刹那,妈妈差点从座位上蹦起来。她大叫着,"太刺激啦!我都不敢看!"

这独特的体验成为她后来很多聚会的谈资。而我手中的照片,则记录下了难得一见的壮美景观。

大峡谷的独特观感让我第一次感受到，原来世界之大，除了洋溢着青春气息的校园、弥漫着繁华盛景的都市，还有壮阔恢宏的岩石地貌，给人无穷无尽的遐想空间。

拉斯维加斯

到达赌城，没有订到著名的威尼斯人酒店，选择在威尼斯人酒店边上的一家酒店住下。这家酒店是四星级，条件很不错。

又到了傍晚，街头灯火逐渐点亮。而拉斯维加斯的夜景是我见过的最华美璀璨的。用金碧辉煌来形容，也不为过。思晴感叹道，这是她见过的最奢侈的城市。这座城市的街道宽阔，街边棕榈树高耸着，走在路上，随处可见灯火通明的大型广告牌。

在一家酒店边上有大型水上演出，模仿的是电影《加勒比海盗》的故事情节。许多身着性感比基尼的女演员载歌载舞，男演员则打扮得像印第安人，一边歌舞，一边在水上掀起阵阵浪花，尽情展示着富有魅力的力量与美感。拥挤在一起的观众探着头，踮起脚尖，还有很多小孩子跟着欢呼雀跃，现场一片热闹欢腾。

夜色渐深，月轮光华，天空格外疏朗。几丝青灰色的云朵缭绕，暗蓝的天幕下，水光、灯光交相映衬，装点着这座金光闪闪的城市。而城市内在的精神除了热情与冒险，更带有一种硬朗和坚强。在加州，特别是这座以娱乐和博彩业闻名的都市，人们的骨子里充满了精明与灵活，更渗透着一种不羁的个性。若说休闲，这里不如旧金山；若说隆重，这里不比华盛顿特区；若说纸醉金迷，这里不比芝加哥。但是，这座城市依然展露着不可抵挡的魔力。我觉得如果找一个最恰当的词来形容，应该是奢侈。

这份奢侈，在著名歌舞秀Jubilee的现场彰显得更加淋漓尽致。

女演员们穿得像比基尼一样少,这少有的几件衣服也都如鳞片般闪着美艳的光泽。她们极为性感丰满的身姿婀娜地在高空舞蹈,吊着威亚腾空飞起,同时大幅度地演绎着各种高难度动作,在空中翻着跟头,伸展、旋转,仿佛腾云驾雾般降临到观众座席之间,又仿佛从高空掉下来的香艳尤物。这场面极为奢靡,令人深深感叹过去很多年间欧美最富有的阶层是如何挥金如土,穷奢极欲。

这里的浮华与光影虽然不属于我们,却属于一个真实的美国。它是真实的存在,而既然存在着,就有其存在的价值与意义。我们不对这些浮华做更多评价,更无须认同。但在触碰这些碎裂的金矿之时,心灵还是为之一颤。

圣地亚哥

有人说,这里的动物园看不到的动物,你在世界其他地方就不可能再看到。这就是圣地亚哥的著名之处。这里的绿植和动物种类格外多,仿佛一个大观园,所有能想到的、想不到的植物和动物都在这里汇聚,可谓是"群英荟萃"。

我们的圣地亚哥之行,自然也少不了到植物园和动物园一探究竟。

这里的植物园的确名不虚传,有矮胖的绿色仙人掌,也有高大的阔叶林;有争奇斗艳的花朵,也有很多叫不上名字的奇花异草。艳阳高照,绿油油的肥厚的叶子映衬着明丽的阳光,闪耀着更加鲜亮的光泽,这一幕幕强烈地刺激着我的视觉神经,让人感到极致的淋漓的美。

在动物园,除了能看到传统的狮子、老虎和大象,还有奇异的从未见过的动物,如身子是斑马色而腿是肉色的又像马又像羊的动物，还有各种美艳的飞禽。猴子也是格外活跃。此外，还有一个孤岛上站满了单腿直立的火烈鸟，浅红色的身子，偏白的腿，身形像丹顶鹤，但脖子没有那么长，也不笔直，而是弯曲着的。这种火烈鸟大概是喜欢群居，而这一片岛屿也因为有了鲜明的红色而格外引人注目。

回到市中心，我与美国好友 Jeremy 取得联系。他早知道我要来圣地亚哥，特意预约了一家豪华酒店的四十楼酒吧座位，邀请我们前去观光。我和 Jeremy 在 2009 年的托马斯·杰斐逊法学院与浙大法学院举办的暑期学校上认识，他那时候还是法学院的学生。我们曾经相约在美国再聚，这次终于有机会在他工作的城市相逢。他毕业后先在一家精品所做体育法和刑法业务，最近出来和朋友一起开了家律所。

在这所高级酒店的高层观光台，我们一人点了一杯饮品，看巨大的落地窗外的碧蓝海岸线。海面上波澜起伏，阳光洒下，水面闪耀着粼粼波光。一艘白色的舰艇从远方驶来，侧面冲出两排浪痕。白色的浪花四溅，在整幅安静的蓝色画面上奏响灵动的音符。但是由于距离太遥远，我们看到的还是远方一片完整的宽阔海域，画面中的景物都缩小了很多，所以氛围还是无限静雅与安然的。

品着杯中的略带酒精味的果汁，听着耳畔淡淡的轻音乐，看蔚蓝的海，白色的船，清净的云，心中格外感受到一份闲适和情致。

圣地亚哥是一座优雅的城市，旅游资源丰富，自然环境得天独厚，物产也很丰饶。Jeremy 说，海滩离加州大学圣地亚哥分校很近，所以那里的学生们夏天经常不读书，干脆到海边玩帆板、冲浪、度假。再对比密歇根一个学期有四五个月都处在雪季，只适合在室内学习，我感慨这巨大的环境差异，却也感到一丝庆幸。毕竟在休闲娱乐和学有所获两者之间，我还是倾向后者的。

特别提示：美国旅游小贴士

（一）旅游景点推荐

1. **纽约**。推荐去自由女神像、华尔街、联合国、大都会博物馆、时代广场、帝国大厦等。

2. **洛杉矶**。建议到好莱坞、迪士尼和环球影城。

3. **华盛顿**。有很多值得打卡的纪念地，如白宫和华盛顿纪念碑、林肯纪念堂，还有各个政府部门大楼，以及多种多样的博物馆。

4. **加州**。推荐科罗拉多大峡谷（最著名的是羚羊峡谷和布莱斯大峡谷），以及旧金山、圣地亚哥等旅游城市。而斯坦福大学、加州大学伯克利分校也值得一去。

5. **佛罗里达**。佛州值得去的是迈阿密和奥兰多，迈阿密的南海滩（South Beach）最出名，而奥兰多以迪士尼乐园和"哈利波特的魔法世界"闻名。

此外，黄石公园、尼亚加拉大瀑布、优胜美地等自然景观都值得一看。

（二）自由行攻略

1. **订票网站**。住宿推荐用 Booking.com，机票可以在达美航空网站上订购（https://www.delta.com/）。

2. **饮食**。纽约和加州都是华人聚居的地方，中餐馆很多。美国当地的墨西哥餐、意大利餐、韩国餐和日本料理也较受欢迎。

3. **纪念品**。也有很多值得购买的纪念品，如明信片、钥匙扣和纪念T恤衫。斯坦福大学、加州大学伯克利分校等名校有吉祥物和小熊，比较适合家有小孩的游客。

第七章
阳光下的毕业季

壹 战斗在考试周

证券法快结课了。

课前,向来和善的 Khanna 教授忽然板起了面孔。

"最近有同学给我写邮件,想要我在考试打分的时候通融一下,照顾他。我在这里严正声明,不管其他老师怎么样,在我这里,行不通。"Khanna 教授严肃认真地说。

打分通融?写信给教授?这让我想起本科时考前的情形。

如出一辙。

我心里忍不住暗笑。原来,纵然相隔万里,中国和美国的学生,在对待分数的态度上,竟也如此一致!

美国的学生也追求分数?

是的。

特别是在法学院。

法学院的课程有相应的学分,通常而言,3 分或 4 分的大课,教授打分是按照曲线(curve)的。即同班同学横向比较,根据答题情况区分上游、中游、下游的学生,再据此打分。这意味着,无论你多么努力,回答得多么正确,也会被区分出来。

如果都是客观题,且都答对了呢?是的,这当然不会有区别。

但是,不幸的是,考试中有主观题,且主观题占了半壁江山。

在冬学期的课中,证券法和并购法都是 4 分的大课,都采用这种打分方式。教学案例中提炼出的知识点都可能成为主观题的考点，而考题是一个案例。考生根据课上学到的知识和方法对案例进行分析，老师据此打分。

复习课紧张有序地进行，教授在台上放着幻灯片，梳理知识点，同学们聚精会神地听，一丝不苟地记笔记。有些同学用笔记本电脑记笔记，敲击键盘的响声显得格外突兀。教授的声音停下来的时候，有无以言说的寂静，仿佛掉下一根针都能听见。

空气中有股浓浓的火药味。

这就是传说中的考前大战吧！

一节复习课结束了。课本上、笔记本上全是密密麻麻的笔记。回到宿舍，匆匆吃过饭，继续点灯鏖战。

不知道是不是快考试的原因，连续几天，睡眠都不是很好。晚上2点多才睡，早上10点多起来，早饭午饭合在一起吃，烧了热水灌了满满一瓶子，带上书、讲义夹、钱包和钥匙，关上房门，加一道锁。

走到电梯口，等待"咔嚓"的响声，下到一楼大厅（Lobby），走出公寓的大门。经过一条走了上百遍的道路，路过甜品店，服装店、书店，再经过两个图书馆、神学院，来到法学院的四合院。

每天走进Law Quad院区的时候，只要时间不匆忙，都会随手用手机拍几张照片，从绿叶葱茏拍到满树红枫，到黄叶漫天，到枯枝上挂着点点叶片，再到如今绿树葱茏。

而此时的我，心情却与开学伊始大有不同。

随着时间的推移，一切即将尘埃落定。也许是精彩的收尾，拿到光辉灿烂的毕业证，在毕业典礼上与院长握手，再迈着矫健的步伐走向下一站。

但也许，是无法毕业。

如果证券法和并购法的成绩不够 B，就意味着一学期的努力付诸东流，也意味着上学期奋力的拼搏和残酷的厮杀都无用。在这样的历史节点上，没有人不紧张。

这是最后的战役。

同学们的步履也变得匆匆，考试周图书馆里坐满了人，且异常安静。

我放下包，披着外套，列下考试复习期间的安排——阅读案例和复习提纲。几点读哪一科，几点吃饭，几点回来继续，都详细而精准。

就像开启学习的闸门，集中精力，开始复习。

3 个小时后，抬起手表看看时间，拎起包走出图书馆。

夜幕降临，院落里悄然无声，更加寂静。两分钟走到 Union，在 Panda 中餐店点一份基本的配餐，接一杯免费的饮水，15 分钟吃完，扔了饭盒，拎着包走回公寓。

打开电台，听一个叫作 breeze 的频道，描述是 The music your heart desires（你心灵渴望的音乐）。翻翻人人网上的新鲜事，看几篇朋友分享的文章。读到柴静的一段专访，有句话印象深刻。柴静说起她做访谈节目的心得，"谈话的时候，头盖骨就像是掀开的，神经裸露在外面，任何一个响动都会让我痛苦。我的摄像师移动的脚步、喝水的声音，在我耳朵里都会变得特别大，不过我平常不说。那是一种生理反应，你把全部生命都倾注在对方身上的时候，你就会这样，那两个小时里面，这个世界不存在，只有那一个人。"

我也有这种体会。一个人专注读书和思考的时候,一坐就是几个小时,精神高度集中,外界发生了什么,一概不知。

复习的时候,总结了一点心得:人生切忌左顾右盼。必须有百分百的专注,才能在自己的路上走得稳健。外界有些声音可以听,有些不要听。兼听则明,偏信则容易扰乱了自己。不要受到干扰,就像调整电台的频道,在各种杂音中细细寻找,直到抵达明确稳定的状态。保持在这种状态中,切忌受到两畔飞禽走兽、奇花异草的影响。

言简意赅,作为法律人,就像战场上的战士。总攻开始了,只能前进,不能后退,更不能有畏难情绪。既要在心理上做好准备,不畏惧考试,又要找到最行之有效的复习方法,事半功倍。

学校给我们推荐了复习小组(study group)的方法。菁菁和Leo、梦玮立即组织了复习小组,我和思晴也参与其中,一下午讨论两三个小时。我们做了细致的分工,安排每个人整理一部分案例,把笔记共享,大家复习课堂的笔记,梳理知识点,交流心得,提出问题,对可能考到的问题进行发散性思考,卓有成效,比一个人看书记得更深刻。

身边有同伴一起复习,明显感觉到集体的力量,即"不是一个人在战斗"的勇气与安全感。深夜,几个人走出图书馆的刹那,呼吸着沁凉的空气,忽而感到一阵暖流。大概是热腾腾的团队能量让每个人心里都感到温暖。

大考一天天临近,如同练习打靶的士兵即将踏上正式的战场。此时贵在坚持。

减压也是必不可少的环节。

学校给同学们提供了免费的按摩服务（Massage），有专业推拿师来学校，开了一个单独的教室作为理疗室。有需要的学生可以在这间教室享受15分钟的按摩。按摩需要提前在网上报名，校方好统筹大家的时间，合理安排。

考试期间，每天每个人可享受一次。如果第二天还需要，预约后可以再来。

这让我感到新鲜。在中国的大学，我没有见过上门提供按摩服务的。我想，这一方面体现了美国学校的细致考虑，另一方面也确实因为法学院的学习压力太大了。没有足够的精力、耐力、体力、勇气和决心，很难坚持下来。

真正进入考试周，面对几门大课的决战，心情反而平静了很多。每天早上9点起床，烧一壶开水，泡了灵芝，看复习材料。下午累的时候，或者到楼下的活动室跑步机上慢跑一阵，再弹弹钢琴；或者出门散步，拍几张照片，到小餐馆坐坐。回来洗个澡，小憩一会儿，再继续看书。

我购买了集打字、复印、扫描功能于一身的打印机，解决了打印总要跑到图书馆的问题。

考试如约而至。

这一天，我带上笔记本电脑和复习材料，提前一刻钟来到教务处领试卷。老师发给我一份卷子、一支削好的笔尖不是那么尖的铅笔，记录下我领卷子的时间。

来到指定的教室，推开门，举目望去，已经有不少同学在埋头答题了。我们到教室的时间不同，交卷的时间就不同。这个时间是教务处事先排好的。但同一门课，大家都在一个时间段内答题，最多相差半小时，也就不会有早交卷的人出去透漏题目的风险。当然，透题这样的事，在法学院不会发生，不仅因为学生间竞争激烈，也因为大家的诚信意识都非常强，不会出现这样违规的现象。

尽管相信大家都是诚实的，监考老师还是坐在讲台上，用犀利的眼光打量着每个答题的人。

签到之后，我来到座位上，打开书包，拿出笔记本电脑，接上电源，开机，登录系统，准备就绪。

并购法的卷子先是客观题，再是主观题。有些人选择先做主观题，趁着思维不疲劳，精力集中，也防止最后写不完。客观题答不完还可以蒙上答案，但如果主观题时间不够，写了一半，或遗漏了问题，结果就惨不忍睹了。

尽管如此，我还是选择先做客观题。时间嘀嘀嗒嗒地流逝，教室里很安静，有个别的人在打字，大部分的人都在涂答题卡，能听到铅笔涂过纸面的"嚓嚓"之声。

抬起头看看电脑的时间，已经过去了1个小时。

开始答主观题。

课前老师给过我们并购法以前的考题，我曾认真复习过，所以看案例的时候，心里并不紧张。虽然考试是开卷，但时间有限，考试题目非常长，足足有三页 A4 纸。看完就花了很久，再答题，时间已不多。我定了定神，开始敲击键盘。

教室里也陆续响起了更多敲击键盘的声音。

考试中，主观题是这样的。

Winter 2008
Mergers and Acquisitions
Essay Question
(120 Points)

On February 21, 2008, Telcomm, Inc., an NYSE-listed Delaware corporation, entered into an agreement (the "Microtel Merger Agreement") under which Microtel Corporation, an NYSE-listed Delaware corporation, would merge with a wholly-owned subsidiary of Telcomm (the "Microtel Merger"). Under the terms of the agreement, Microtel stockholders are to receive $26.00 per share either, at the election of the Microtel shareholder, in cash or in Telcomm stock. The transaction has an enterprise value of approximately $1.1 billion, which includes the assumption of approximately $400 million in Microtel debt. The cash portion of the purchase price is to be funded with debt financing.

The deal is subject to Microtel stockholder approval. In addition, because Telcomm does not have sufficient authorized, but unissued shares, based on management estimates, to consummate the Microtel Merger, Telcomm's stockholders must approve a charter amendment ("Charter Amendment") increasing the number of Telcomm's authorized shares. Telcomm's stock currently trades at $16.50 per share. Telcomm's financial advisor estimates that immediately following consummation of the transaction, Telcomm's stock will trade at approximately $18 per share.

The Microtel Merger Agreement does not have an express "no-shop" provision restricting Telcomm's actions, but does contain a no-shop provision constraining actions by Microtel. The Microtel Merger Agreement also provides that Microtel, but not Telcomm, may terminate the merger if Telcomm, in response to a "Third Party Acquisition Proposal," determines that the Microtel Merger is no longer in the best interests of Telcomm's shareholders. The term "Third Party Acquisition Proposal" is defined under the agreement as an inquiry, offer or proposal that is conditioned on the termination of the Microtel Merger Agreement and abandonment of the Microtel Merger and in which the third party would acquire 30% or more of Telcomm. Though the Telcomm board is free to change its recommendation with respect to the Microtel Merger, the Microtel Merger Agreement includes a "force the vote" provision mandating a stockholder vote on the Charter Amendment notwithstanding such change in position. The Microtel Merger Agreement also provides that if Telcomm's stockholders do not approve the Charter Amendment in response to a Third Party Acquisition Proposal, Telcomm must pay Microtel a $30 million termination fee.

The Telcomm board has 11 members, seven (7) of which are outside, independent directors. Telcomm has a shareholder rights plan, with a "flip-in" feature and a 20% acquisition trigger. The Company has not opted out of the provisions of DGCL §203.

On March 4, Cassadine Industries, a Telcomm competitor, sent an unsolicited letter to Telcomm's board expressing interest in purchasing the company for $21.50 per share in cash. Cassadine Industries' interest was made public, prompting the market price of Telcomm's shares to rise above $22 on hopes of a higher-priced deal. Telcomm's board publicly indicated a refusal to redeem Telcomm's poison pill and refused to speak with Cassadine Industries or provide it with any information because, it claimed, it was prohibited from doing so under the terms of the Microtel Merger Agreement. Specifically, Section 7.2(d) of the Agreement, entitled "Conduct of Business by Parent [Telcomm] Pending the Merger," states:

> Except as expressly permitted or required by this Agreement, prior to the Effective Time, neither Parent nor any of its Subsidiaries, without the prior written consent of Target [Microtel], shall:
>
> (d) knowingly take, or agree to commit to take, any action that would or would reasonably be expected to result in the failure of a condition set forth in Sections 8.1, 8.2, or 8.3 (conditions to

consummation of the merger) or at, or as of any time prior to, the Effective Time, or that would reasonably be expected to materially impair the ability of Target, Parent, Merger Sub, or the holders of Target Common Shares to consummate the Merger in accordance with the terms hereof or materially delay such consummation....

Telcomm's board maintained that engaging in discussions with Cassadine Industries would materially impair or delay the Microtel Merger because it would signal a willingness to Telcomm's stockholders on the part of Telcomm's board to negotiate with Cassadine, which could lead the stockholders to vote against the Charter Amendment. Following Telcomm's repeated refusals to deal, on March 23, Cassadine Industries announced a hostile tender offer for Telcomm, subject to available debt financing. The tender offer was for $21.50 per share and conditioned on the Telcomm stockholders voting down the Charter Amendment and the redemption of Telcomm's poison pill.

On March 24, 2008, Telcomm gave notice that a special shareholders' meeting to consider the Charter Amendment would be held on April 25. March 20 was set as the record date (i.e., the date on which you must be a stockholder in order to participate in the vote).

After Telcomm set the meeting date, Bradley Koh, Telcomm's founder and largest stockholder with ownership of 19% of its shares, proposed an alternative to the Cassadine Industries tender offer. On March 31, Koh sent a public letter to the Telcomm stockholders. In that letter, Koh complained that Telcomm had been secretly considering strategic alternatives and had not considered a full auction of Telcomm. He expressed his opposition to the Microtel Merger and proposed an alternative transaction whereby Telcomm would engage in a leveraged recapitalization. The Koh "Recap Proposal" involved the company using a 50-50% combination of cash on hand and new debt to acquire up to 60% of its shares for $24 per share. Koh contended that the remaining shares would trade close to $26 per share based on the corporation's expected earnings. Koh premised his assumptions on a use of Telcomm's own projections (which had not been prepared for use in concert with a leveraged recapitalization). Koh also claimed that he also remained open to a sale of Telcomm, so long as the sale resulted from a process Koh found acceptable. Just as with Cassadine Industries, Telcomm refused to discuss Koh's proposal with him.

On April 18, Institutional Shareholder Services ("ISS") recommended that Telcomm stockholders vote against the Charter Amendment. ISS based its recommendation in part on its dissatisfaction with Telcomm's failure to run an auction to sell itself rather than entering into what it considered to be an ill-advised transaction with Microtel. ISS also believed Telcomm's stockholders could achieve higher value from either a transaction with Cassadine Industries or with Koh and wanted the board to consider both options before going ahead with the Microtel Merger.

Telcomm came to realize that its prospects for getting an affirmative vote on the Charter Amendment at the April 25 meeting were slim, absent some change in circumstances. As of at least five days before April 25, the board began seriously considering the possibility of a postponement of the Charter Amendment vote. By that time, they realized that the Microtel Merger would almost certainly go down in defeat. Telcomm's board feared that the attractive deal with Microtel would be lost forever if the stockholders voted no.

Telcomm's proxy solicitor, Alton Jackson, and its CEO, Maria Martinez, had heard from several Telcomm stockholders that they favored a postponement. Some of these stockholders now owned more shares than they had at the March 20 record date and could not vote these newly-bought shares on April 25. Some stockholders had positions that consisted entirely of shares bought after the record date. Miller detected sentiment in support of the Microtel Merger from many of them and a desire on their part for the vote to occur when they could participate.

The Telcomm board also believed the Koh Recap Proposal had caused confusion. The board believed that the Recap Proposal was not a sound or firmly financed one and that Koh had premised it on an untenable use of the corporation's projections. As the vote loomed, the board began to focus on the fact that Telcomm's second quarter results would be available in early May, as the quarter would close on April 30. As things were trending, Telcomm's internal tracking reports indicated that the company was likely to fall short of its expected earnings for the quarter, a second consecutive miss. Based on the same trends, Telcomm management believed it was also unlikely that Telcomm would achieve the projections in the remaining two quarters of fiscal year 2008. Once that information became public, the board thought it might be influence ISS and stockholders because it would cause them to doubt Koh's assertion that he could use the company's funds to buy 60% of the shares at $24 and cause the remaining shares to trade at $26.

Moreover, on April 20, *The Wall Street Journal* published three articles prominently raising concerns about whether the M & A market was going to lose its froth, due to tightening in the credit markets. Thus, the April 25 vote coincided with the period when players in the financial markets began to have a real appreciation -- due to the termination and repricing of some big deals -- that the favorable tide was reversing. The board and its advisors thought this factor, when taken together with Telcomm's performance, might be given weight by ISS and investors if they had additional time to consider the implications.

One fact gave the board some hope. ISS had indicated that its recommendation could change, but only if there were public information suggesting that Telcomm's financial circumstances had worsened in a manner that warranted reconsideration of ISS' previous determination.

As April 25 approached, the board knew with virtual certainty that the Merger would be defeated if the special meeting were held as scheduled. By April 20, the proxy solicitor was already reporting that every large holder who had voted had opposed the Charter Amendment. On April 23, the proxy solicitor reported that over 73% of the shares had been voted and that 49.6% of Telcomm's outstanding shares were already voted against the Amendment.

On April 24, the board decided to meet to determine its next course of action. The directors all agree that postponing the special meeting in hopes of generating additional favorable votes would be in the best interests of the corporation. Given the deteriorating debt financing market, there was little chance, in the board's view, of Cassadine obtaining the requisite financing to consummate a deal. Moreover, the board believes Koh's Recap Proposal is based on unrealistic and unattainable assumptions. The board firmly believes that the Microtel Merger is critical to the fulfillment of the board's strategic vision for Telcomm and knows if the meeting proceeds on its originally scheduled date, the stockholders will vote down the merger, leaving Telcomm with no viable alternative. Telcomm's stockholders then would be left only with their pro-rata share of the corporation's (lower) value as an independent going concern.

You are legal counsel to the board. At the board meeting, the board asks for your advice. In particular, the board wants to know whether there are any legal impediments to its ability to postpone the shareholders' meeting (you may assume there are no Delaware Code, charter or bylaw restrictions prohibiting postponement). The board also would like your reaction to charges that its refusal to redeem its poison pill, put the company up for auction or enter into discussions with Cassadine Industries or Koh is a breach of its fiduciary duty. How do you respond? What steps would you advise the board to take now?

　　仅试题就长达三页纸。分析题目需要保持精力的高度集中，也需要理性地解剖案例。这个过程，就像父亲给我描述的，疼痛医学中的针刀治疗手术。一场"手术"下来，头上已然汗津津的。

　　勤奋，再勤奋一点。努力，再努力一些。认真，保持旺盛的求知欲，刻苦而睿智，是每一个法学院学生在考试中都要做到的。

虽然这很严酷，但我们没有更公平的尺度来评价优劣，也无法超越时代的局限设计出更合理的制度评价谁更努力。当狮子和羚羊赛跑的时候，谁跑得更快一点，谁就有更多机会。

也许这就是法学院曲线打分制度的初衷吧。

贰 隆重的毕业典礼

毕业典礼，在法学院又称为"Senior day"，每年五月都让法学院的同学们热血沸腾。一年又一年，相似的典礼，不同的学生，每个人都带着亲人朋友的满满祝福来到这所法学院，再带着师长同学满满的祝福转身离开。

尽管只有短短的一年时间，我的感受之丰富、交友之广泛却远超一年时钟奔走的机械。

时间真的好快，拿到 Senior Day 的邀请函之日，我坐在法学院的四合院图书馆前的长椅上，看着参天古树，眼前放电影一般回想起这一年的点点滴滴。课程有了规律之后，时间就过得飞速，每天按部就班学习，参加节日活动、餐会、各种派对……

毕业，这个珍贵的字眼呈现在眼前，对曾经回国休整的我而言，具有特别的意义。它不仅仅意味着一纸证书和一张成绩单，不只是一个文凭，更是对我这个外国学生突出重围在美国法学院日夜奋战的纪念，是对这一年来充满欢笑泪水的点点滴滴时光的记载。

按照学院规定的日程，我们毕业典礼的日子定在 5 月 6 日，从 4 月末结束考试到毕业典礼期间，有几天的时间可以自由活动，同学们通常在此期间联谊、拍照或组织其他纪念性的聚会。法学院组织了几次派对，合影留念，也安排了几个餐会，让 LLM 学生和访问学者都参加，大家畅饮畅聊，共叙情谊。

法学院的毕业礼服是一件深紫色的长袍，衣襟正中间有长长的黄色带子点缀，配上紫色的贝雷帽，颇有些复古风范。我们每个人都领到了一个毕业帽穗，上面印有"2012"字样，证明我们是 2012 届的毕业生。金灿灿的麦穗在手中，沉甸甸的。这个学位的荣耀与辉煌尽在其中。

毕业典礼当天风和日丽。我和妈妈一起，来到联欢派对的现场。一个有白色柱梁的大房子，里面有几个分区，四四方方的沙发、老式壁炉、宽敞的阳台。参加毕业典礼的同学都到这里集合，先举行一场餐会。到场的同学们多数带了相机，纷纷聚在一起拍照，每一张照片都诉说着一场情谊。

家长们也在此相聚，谈论着自己的经历、孩子的喜悦、对美国的印象……

甜点、饮料、毕业服；相机、欢笑、各种口音……这点点滴滴交织在一起，热闹非凡。

午餐过后，同学们列队进入等候室，再跟随着进行曲步入希尔礼堂（Hill Auditorium）——一个能容纳上百人的大厅。抬头望，偌大的柱梁下，礼堂里一片肃穆。同行的筱燃告诉我，希尔礼堂建于 1900 年到 1920 年，当时密歇根大学建造了许多新的基础设施，包括牙科和药剂学大楼、化学楼、自然科学楼、希尔礼堂、大型的医院和图书馆以及两幢宿舍楼。那个年代，密歇根大学和哈佛大学、耶鲁大学、加州大学伯克利分校、普林斯顿大学等 14 所学校一起成立了美国大学协会（AAU）。后来这个协会成为评判北美各大学是否一流的标准之一。

筱燃说，在 20 世纪 20 年代到 20 世纪 30 年代，当常春藤联盟对犹太学生实施配额限制时，密歇根大学成为来自纽约的聪慧的犹太学生最青睐的选择。因此，密歇根大学也被冠以"西部的哈佛大学"的美称。在那以前，总统肯尼迪（John F. Kennedy）在宣布和平队（Peace Corps）成立时的演讲中甚至谦称自己的母校哈佛大学为"东部的密歇根大学"。

这一切，在今天看来，荣耀尤甚。如果说初来乍到之时，我对这所学校的理解还只停留在纸面上，那么经历一年多的苦学之后，我的身上已烙刻了密大金色与深蓝的印记。在课程里的浸染，在图书馆的浸泡，在文化、艺术、宗教、哲学里的浸润，于我，是一生的财富。

经过观众席的时候，我看到了妈妈，她转身拍照，脸上洋溢着难言的兴奋与欣慰。我们列着队，走到属于 LLM 的座席。

坐在台下，我们静静聆听院长和同学代表讲话。

院长 Evan Caminker 穿着毕业袍，在台上演讲。以下是演讲词。

Senior Day Remarks of Evan Caminker
May 6, 2012, Hill Auditorium

毕业典礼致辞

Evan Caminker

2012 年 5 月 6 日，希尔礼堂

Good afternoon and welcome. (Now that you are all sitting) Please rise for the singing of the National Anthem.

各位下午好。欢迎。请起立，唱国歌。

Please be seated. JD, LLM, and SJD candidates for degrees of the Class of 2012, family and friends, University Provost Phil

Hanlon, and special guest Attorney General Eric Holder: On behalf of my faculty and administration colleagues, it gives me great pleasure to welcome you to our Senior Day ceremony, at which we honor students receiving their professional degrees at the University of Michigan Law School.

请坐。2012届的职业法律博士,法学硕士,法学博士们,家长们,朋友们,教务长 Phil Hanlon,以及特别演讲嘉宾司法部部长 Eric Holder,我代表全体教职员工,向你们的到来表示诚挚的欢迎。在我们的毕业典礼上,我们将授予学生在密歇根大学法学院获得的学位。

I'll bet we all feel this day has been a long time coming. Students, you have finally completed the requirements... well, actually, *most* of you have completed, the requirements for receiving a JD, LLM, or SJD degree from one of the very best law schools in the nation. *Some* of you (sigh) still have some work to do.

我想说,我们所有人对这一天的到来期盼已久。同学们,你们终于完成了学位要求。当然,是你们大部分人完成了这个国家最好的法学院之一的,JD,LLM,或 SJD 的学位要求。有些人还有些功课要做。

Your imminent transition from Ann Arbor to a hundred cities around the globe may feel bittersweet. There will be many moments when you will look back and truly miss this place. You'll miss your classmates, and the late-night conversations about the ways in which you and your friends will change the world.

你们将从安娜堡走向世界各地,也许心中苦乐参半。将来,

第七章 阳光下的毕业季

也许你们会在很多时候回忆和想念这里。你们会想念自己的同学，以及最后一晚，你和你的朋友们关于改变世界的对话。

You'll miss your classes, which gave you the opportunity to think deeply and critically about pressing issues of the day. You might even miss some members of the faculty—either because we inspired, mentored, and befriended you—or perhaps because we made ourselves so easy to ridicule during your Mr. Wolverine skits.

你们会想念你们的课程，它们给了你们对当今重大问题深入思考和批判的机会。你们也许同样会想念有些老师，无论我们曾鼓励，指导你们，还是成为你们的朋友，或许因为我们在你们的 Mr. Wolverine 选美大赛小喜剧上让自己成为你们的笑料。

You should know that it's a bittersweet day for us as well. We on the faculty share your joy and pride in successfully completing this initial phase of your legal careers. But we'll also miss you, knowing full well that after today we likely won't see most of you again until your 5-year reunion—except those of you who are still writing papers, whom we'll see next week at Dominick's.

要知道，今天对于我们，也是一个苦乐参半的日子。我们这些老师为你们成功地完成了你们法律职业生涯中的初始阶段而与你们同感快乐和骄傲。但我们同样会想念你们，我们清楚地知道，今天过后，我们将不会看到你们当中的很多人，直到你们毕业五年后的聚会。除了你们当中仍在写论文的一些人，我们将与这些同学在下周，在 Dominick's 酒吧再见。

You are coming of age professionally, during a period of rapid, transformational, and sometimes tumultuous change in the world around us. Some of that change is taking place right here at the Law School. During your time here we celebrated our sesquicentennial, commemorating the 150 years of legal education we've provided to the leaders and best, including legal luminaries such as Clarence Darrow; executives who have shaped social movements, such as Branch Rickey; and of course leaders in the business world such as William W. Cook, whose philanthropic vision built the beautiful Law Quadrangle. We've certainly come a long way since the initial Law Department was staffed in 1859 with just three faculty members: two Justices of the State Supreme Court, and of course Professor Doug Kahn.

你们正处在一个专业化的时代,一个急剧的,转型中的,有时不免喧嚣的,变化中的时代。有些变化正发生在法学院。在你们就读于此的阶段,我们庆祝了这所法学院建立150周年,它培养了许多领导人和法学杰出人物,如社会运动的推动者Clarence Darrow,又如Branch Rickey,当然还有商业领袖,如William W. Cook,在他的捐赠下,才有了这所美丽的法学院四合院。1859年法学院建立时,只有三名教员,两名州最高法院的法官,当然,包括Doug Kahn教授。从那时到现在,我们经历了一个漫长的过程。

You've experienced a transformation of our physical campus. During your first week of law school we were joined by Chief Justice John Roberts to break ground for the most significant upgrading of our facilities since the Quad was completed some 80 years ago. I want to thank you for your indulgence and understanding, as we created space necessary to enrich our 21st century curriculum and ensure the long-term legacy of the Law School.

你们经历了我们校舍的变化。在你们来法学院的第一周，首席法官 John Roberts 加入我们，一起参与了新楼的动土仪式，这是自法学院四合院（Quad）80 年前建立以来最重要的教学设施升级。感谢你们的宽容和理解，以使我们建立一个能够丰富 21 世纪的课程，保证法学院传统永续的必要场所。

But despite occasional noise and intermittent dust, student life remained robust. You created and participated in so many special Law School events that brought the entire community together. I'm thinking of Service Day during Orientation, and other moments of community service. I'm thinking of events such as the final round of the Campbell moot court competition, and other moments of celebration. And I am unfortunately picturing the Student Funded Fellowships auction, and other moments of wanton debauchery.

但即使有偶尔的噪声和间歇性的灰尘，学生生活同样充满活力。你们创造并参与了许多特别的法学院活动，让整个群体团结在一起。我想起了新生入学周的服务日，以及其他社团服务时间。我想起了一些活动，如 Campbell 模拟法庭竞赛的决赛，以及其他庆祝活动。此外，我也不幸地拍下了学生集资奖学金拍卖，以及其他败坏风气的场面。

And now you are all poised to leave us, and to commence … to change the world. We have given you many opportunities here to develop and hone your basic lawyering and professional skills-in classrooms, and in clinics; in competitions, and in clubs. Perhaps the opportunity most indelibly etched in your memory was the opportunity we provided to cower in front of JJ White or the Professors Primi. But we also gave you the opportunity to protect the rights of neglected children in Detroit; to work on behalf of human rights in Geneva; and to advise business clients here on campus and around the world. You've gotten your feet wet in the practice of law, to test yourself and to toughen yourself for the world beyond Ann Arbor.

现在你们将离开我们,而开始改变这个世界。我们在此处给了你们很多机会去发展和磨炼律师基本功和专业技能,无论在教室,在法律诊所,在竞赛中,还是在酒吧里。也许这些机会不可磨灭地蚀刻在你们的记忆中,也许这些机会是你们瑟瑟发抖地站在 JJ White 或 Primi 教授面前。但我们也给了你们机会去保护底特律被忽视的孩子们,去日内瓦做人权事务工作,或给安娜堡或世界上的商业客户提供法律咨询。你们开始在法律实践中浸润,锻炼自己,同时也在安娜堡之外的世界变得坚韧。

So you can now harness your innate intelligence and energy to go off and do so many things: advocate for the interests of others; create and transform businesses, resolve seemingly intractable disputes; innovate and create things of value; and develop and champion important public policies. You can follow in the footsteps of many successful and influential Michigan Law alumni; those who have led Congress, and become Justices on the Supreme Court; those who have shaped public policy, and led multinational corporations or created innovative technologies; and those who have become outstanding lawyers in many different settings.

所以你们能巩固与生俱来的聪慧，并充满能量地踏上奋斗之路：为他人的利益奔走呼号，创造并改变商业，解决明显困难的纠纷；发明并创造物质的价值，发展并主导重要的公共政策。你们可以追随许多成功的和有影响力的密歇根法学院校友，他们有的领导了议会，有的成为最高法院的法官，有的重塑了公共政策，有的领导了跨国公司并发明了创新科技，还有的成为许多不同领域卓越的律师。

You have acquired the skills and training and leadership qualities necessary to lead in your profession, to lead in your communities, and to lead in the tradition of Michigan Men and Women who have done so much to make the world a better place.

你们学习了技能，并训练了足以适应你们法律职业的领导力，去领导你们的社团，领导身边的人，如密歇根的人们，为使这个世界变得更好而付出努力。

In many ways you are different people than when you first set foot in the Quad. At the same time, I hope that, in one very important respect, you have not changed. When I first welcomed you on Orientation Day, I noted that, according to conventional wisdom, learning how to "think like a lawyer" would necessarily drive out your personal passions about issues of the day. Conventional lore holds that learning how to argue both sides of an argument makes it difficult in the end to recognize which side you are really on. But I exhorted you, not to let this happen. To quote myself from that speech—for the benefit of the few of you who may not have committed it to memory："Thinking like a lawyer … does not require you to abandon your passions; rather, you should continue to draw strength from these commitments. Passion can be deepened if you fairly test your own views to make sure you know that you truly believe something and can articulate why; and (passion) can help guide you to the kind of lawyer you want to be …"

在许多方面，你们已经与当初来到法学院时大不相同。同时，我希望，在一个特别重要的方面，你们不要改变。当我第一次在新生入学日欢迎你们的时候，我指出，根据我们传统的智慧，学习怎样"像律师一样思考"可以当然地祛除你们对于当今问题的个人盲目热衷。传统学说认为，学习怎样站在双方角度上对同一论点进行辩护，使人非常难以认清自己到底处于哪一方。但我劝告你们，不要让这种事发生。引用我那时的演讲词——为了个别可能没把它记住的人："像律师一样思考"并不要求你们放弃自己的热情，反之，你们应该继续从这些承诺中获取力量。热情可以更深厚，如果你们公正地检视自己的观点，确保你们知道你们确实相信一些事情并可以清晰地分析原因，热情同样可以引导你们成为你想成为的律师。

Of course, different people have different passions, and they may change over time. You each have the opportunity to define for yourself the directions and purposes of your own professional paths.

当然，不同的人有不同的热情，而且热情也许会随时间而改变。你们每个人都有机会定义你们自己职业道路的方向和目标。

Some of you might choose to pursue the pleasures of craft. For you, it may not matter so much what issues you address or what clients you have. But you will find passion and energy in the challenge and thrill of tackling difficult problems and creating novel and appropriate solutions.

你们当中的有些人也许会选择追求工匠的快乐。对你们来说,提出了哪些法律问题或接待了何种客户也许不那么重要。但你们将会在解决困难问题以及创造新的合理的解决方法的挑战中找到热情和能量。

Others of you may instead find passion in the particular types of causes you fight. You are motivated more by deeply-held principles of social policy, and visions of a more just society, rather than the process of lawyering.

你们中的其他人也许会在你们为某种特定事业的奋斗中找到热情。你们会在深深植根于社会政策的原则中,以及为了一个更加公正社会的远见中,获得更多的动力,而非仅仅做一个律师。

Whatever passions motivate each one of you, I hope you all find some way of making a positive difference in our society—to paraphrase Martin Luther King, Jr., by "serving as a headlight rather than a taillight, as a voice rather than an echo."

无论你们有怎样的热情驱动,我希望你们都能找到一种为这个社会做出积极贡献的道路——引用马丁·路德·金的话,"成为一盏车头灯而非车尾灯,成为一种声音,而非一种回音"。

Now, none of this is to suggest that you should have your entire career mapped out already today; in fact, that would be silly. Comedienne Lily Tomlin once said: "When I was young, I wanted to grow up to be somebody. But now, in hindsight, I realize I should have been more specific." ... Well, there's nothing wrong with figuring it out now, and then figuring it out again in 5 years, and so on.

没有人让你们今天就画出一幅完全而清晰的职业路线图。事实上,那不明智。喜剧女演员 Lily Tomlin 曾经说:"当我年轻的时候,我希望成长为某人。但是现在,以后见之明,我意识到自己的理想应该更具体。"当然,现在勾勒出未来的自己并没有错,5 年后再勾勒一次,然后继续。

This approach, in fact, follows a longstanding Michigan Law tradition. We train you to be flexible, to have the ability to acquire new skills and change directions; and to keep looking out for new opportunities. You can still become a tax attorney, even if you took Corporate Tax pass-fail and slept in until early April. You can still become a general practitioner, even if you filled your schedule with courses like How to Save the Planet, and Blood feuds. You can move on into other professions, such as business or government.

这种方法,事实上,有着悠久的密歇根法学院传统。我们训练你们成为灵活的人,有能力学习新的技能,改变自己的方向,并持续寻找新的机会。你们依然可以成为税务律师,即使你们的公司税法课选择了通过/不通过(打分制之外的另一种评分形式,每学期只有一门课可以选择),然后直到四月月初都在课堂上睡觉。你们依然可以成为综合的实践者,即使你们只上了如《怎样拯救地球》以及《血亲复仇》的课程。你们可以转而从事其他的职业,如从商或从政。

Indeed, many of our most successful and happy alumni enjoy career paths with many twists and turns, moving in and out of legal practice, as exemplified by our keynote speaker today, Attorney

General Holder. Of course, he's not our alumnus, but all and all, he's still a pretty impressive guy.

事实上,我们许多成功的和快乐的校友都在他们的职业生涯中经历过许多转折和变换,进入或离开法律实务领域,如我们今天的特邀演讲嘉宾,司法部长 Holder。当然,他不是我们的校友,但是无论如何,他是一个令人印象深刻的人。

If you recognize today that nothing about your career or life is set in stone, you might feel more free to explore, with both your eyes and heart, all of the various paths available, and walk down the ones that are right for you—paths that prove challenging and personally fulfilling, and paths that serve society in keeping with the commitments of the profession.

如果你们意识到今天任何关于你们职业生涯的规划都没有落定,你们依然可以自由探索,用你们的眼睛和心灵。这些不同的道路都向你们敞开大门,你们只需选择一条前行。职业道路给予你们挑战和个人满足感,你们也会在职业道路上坚守自己的承诺而为社会做出贡献。

In the end, whether you ultimately find lawyering a satisfying and inspirational profession depends mightily on the attitude that you bring to it. Let me quote the inaugural Michigan Law Dean, James Campbell, from his opening address in 1859: "Let everyone come to the study of the Law with a proper sense of its dignity and importance. Those who approach it with the mean desire of using their knowledge to aid cunning and rapacity, will fail to fathom its deepest mysteries; and sooner or later will reap a deserved harvest of scorn and dishonor.…（But to those who）seek to pursue（the study of law）with the desire of aiding justice, and honorably advancing the welfare of society, it is a study full of interest, and well worthy of ambition."

最后，你们是否能发现法律职业是一个令人满足和兴奋的职业，很可能取决于你们对待职业的态度。让我引用密歇根法学院院长 James Campbell 在 1859 年就职演讲上的讲话："让每个来学习法律的人恰当地认识到法律的尊严和重要性。那些带有刻薄的愿望，用他们的知识帮助那些狡猾的和贪婪之人的人，将不能领会到法律最深层的奥秘，迟早会得到报应，成为一个不诚实的人。但对那些心怀热望，追求匡扶正义，光荣地为社会谋福利的人而言，这是一个充满乐趣，值得追求的学科。"

Members of the Class of 2012: I most sincerely hope that however your lives play out, in whichever professional contexts you choose, that the passion and creativity you've shown us as students continues to inform your work and inspire your activities, and that you find your professional careers "well worthy of ambition."

2012 届校友们，我真诚地希望，无论你们的生活将会怎样，在何种职业环境之下，你们学生时代所展示给我们的热情和创造力都能继续活跃你们的工作，激励你们身边的人。你们将发现，你们的职业生涯"值得追求"。

Let me conclude by saying, on behalf of the entire faculty and administration: Whatever paths through life you make for yourself, in whatever cities and even countries around the globe, we hope that your steps often lead you back to Ann Arbor. And back to the University of Michigan Law School. For we will always welcome you home. Congratulations to all of you.

让我代表全体教职人员结束今天的演讲。无论你们人生选择了何种道路，在哪个城市，世界上的哪个国家，我都希望你们能常回安娜堡看看，回到密歇根大学法学院看看。我们永远欢迎你们回家。祝福你们。

叁 人生需要仪式感

让我们一起歌唱密歇根大学校歌。

　　Sing to the colors that float in the light,
　　Hurrah for the Yellow and Blue.
　　Yellow the stars as they ride through the night,
　　and reel in a rollicking crew.
　　Yellow the fields where ripens the grain,
　　and Yellow the moon on the harvest wain; hail！
　　Hail to the colors that float in the light,
　　Hurrah for the Yellow and Blue！

　　歌唱光谱下浮动的色彩，为金色和蓝色高呼。
　　金色的星星，驶过夜空，盘旋着汇成欢快的银河。
　　金色的田野，谷物成熟，点亮金色的月亮，
　　在收获的北斗七星之上；致敬！
　　向着光谱下浮动的色彩致敬，为金色和蓝色高呼！

高唱校歌，让我们心潮澎湃。

院长、同学代表和嘉宾司法部部长演讲过后，师长们开始宣读本届毕业学生的名字，一个又一个，每个同学都上台接受毕业领带的授予，并亲自与院长握手，再接受工作人员颁发的法律人俱乐部（The Lawyer's Club）成员证书。

在等候室的时候，Virginia 副院长与我们确认了宣布名称的读音。随着 Virginia 副院长醇厚的嗓音响起，我的名字回荡在礼堂，我踏上了这个历史性的舞台。台下掌声响起，我走到服务人员跟前，接受了领带的授予，再走到院长身边，并与他握手。怀着喜悦、感激的心情，双手接过毕业证书，我向院长鞠躬敬礼。

整个毕业典礼过程里，学校请了专业的摄影师给每个身着毕业服、头戴毕业帽和金色毕业穗、洋溢着幸福与喜悦的同学们拍 3 张至 4 张照片，从室外到室内，从佩戴上毕业领带，到接受院长握手，再到台下手持证书。

走到台下，站在美国国旗前，手拿 Lawyer's Club 证书拍照的一瞬，我的笑容格外灿烂。回来的路上，想到这一年多来的奋战过程和逝去的好友，我的眼睛湿润了……

法学院四合院内的草地上架起了白色的帐篷，有下午茶宴，同学们依然恋恋不舍地合影留念，兜兜转转，与不同的面孔相聚。环视四周，有不少美国 JD 的同学，父母、爷爷奶奶都来到学校，手持鲜花为他们祝福，美国的家长们对于毕业典礼的重视，郑重其事的阵容，丝毫不会让人感到美国家长的"望子成龙"与"望女成凤"之切与中国有多大差异。他们以自己的孩子为荣，以自己的后代能从这样一所优秀的法学院毕业而倍感自豪。

母亲给我拍照的时候，转身遇上了院长——Evan Caminker。院长与我进行了简短的交谈，谈到了学校、学生、学业，以及毕业后的发展方向。"Thank you for your contribution to this law school"（感谢你对这所法学院做出的贡献）。这简短的交谈让我感到一种厚望与期许。

法学院不仅是学子们的课堂，更是一个让不同国籍、不同背景的同学交流沟通的平台，在这个平台上，同学们更像一扇扇窗户——带有自身的文化烙印和历史背景，诉说着自己民族的故事，为其他的同学敞开窗，带来新鲜而丰富的呼吸。从这个角度，多元化的招生理念与严苛的挑选，造就了这个文化丰富多彩的法学院。

毕业典礼的这天夜晚，星光格外灿烂。

在空旷的 Law Quad 中驻足，拍摄美丽的星空。举目是高耸入云的图书馆，另一端地平线上，万家灯火明。我和母亲行走在浩瀚的星海下，吹着安娜堡清冽的晚风。

仰望星空，瞬间感到强烈的震撼。那景象摄人心魄。星星就像新生婴儿的眼睛一样明亮，在相机上还可以看到它们不同的颜色。

第一次，看到如此清晰的星空，抬头就望见夏日最美的星座——猎户座。三颗星星组成腰带，两颗是脚，两颗是肩，另外三颗是他的弓。左边紧跟着猎户座的是大犬座，据说是跟随猎户的狗。旋转视角，随即看到北斗七星。像勺子一样的排列组合，最顶端是最亮的北极星。母亲说，她在中国找了几十年，都没有找到这样美丽的星空。

想到童话里的小主角跟着北斗星找城堡的故事。难怪外国人可以写出如此美丽的童话。如果我们躺在田野里，凝望天际，也许脑中会有同样奇妙的故事涌现。

猎户座的守候，北斗星的指引。

正如母亲所说，这一刻才真正找到了自己。封闭的世界，固定的模式里，我们不过是麻木的符号。

带着浓浓的感动与祝福，我们即将踏上新的征程。

夜色如酒。多少故事，多少泪与笑，都永远地停留在这片星空。

我想，记住这个星空，就记住了自己的守候与追寻，记住了自己的光荣与梦想。

我会永远怀念密大。

星空，金色，蔚蓝色；以及永远的正直、忠诚、光明的本心。

微笑着前行。

肆　寻找职业发展之路

毕业了，校门在身后关闭，曾经的一切辉煌与黯淡都成为过去。面对前路迢迢，我们踏上了一条新的征程。

纽约有一年一度的面向 LLM 学生的招聘会（Job Fair），有七所学校可以参加，分别是：耶鲁大学、哈佛大学、斯坦福大学、芝加哥大学、纽约大学、哥伦比亚大学和密歇根大学。

每年只有这些学校的硕士生有资格参加这个特殊的招聘会。密歇根大学有幸位列其中，而参加招聘会的雇主都来自红圈所。对美国的律所而言，有个不成文的规矩，将一批精英律所归为"Magic Circle"，即我们所称的红圈所。而中国的律所梯队中也有这样一个"红圈"，专指那些顶级律所。

在招聘会之前，我们先准备好自己的简历。制作简历虽然在国内学习过，但美国的招聘和中国有所不同，为了更好地适用美国雇主的要求，学校的就业指导办公室（Career Office）专门给我们一对一地进行了辅导，把我们的简历进行精心修改，反复打磨。

拿着还带着油印墨水气味的载满自己所获成就的简历，我敲开一家家律所招聘办公室的门。这些所谓的办公室，实际上都是一个个酒店房间。当时，雇主们惯常地入驻四季酒店。我和筱然、Amanda、Leo、菁菁和梦玮一起飞到纽约，在附近的一家酒店住下。Amanda和我住一间，临应聘的前一天晚上，我们还互相沟通了求职的意向，嘱咐彼此第二天早起化好淡妆，从容应对。

在一家知名的中资律所应聘中，合伙人问我成绩如何。我说第一学期期末考试的成绩没有全部出来，只公布了两门。我的宪法课成绩一般，但是另一门课成绩很不错。并解释道，宪法是LLM同学一起上课一起打分，而另一门课则是跟JD一起上课，一起打分。

合伙人对成绩很满意。他表示，跟JD一起打分的课很不容易，能取得好成绩，也是一种证明。另外一个面试官问了一个尽职调查中应调查哪些事项的问题。因为曾经有过律所实习经历，所以我对这块内容很熟悉，回答也很流畅。

这家律所后来给了我录取通知。

我又另外面试了三家中资所，还有一家"四大"之一的会计师事务所。会计师事务所的合伙人跟我聊得来，谈论了很多问题，并介绍说他们也欢迎有法律背景的同学加入，因为招聘的部门涉及税务咨询，而之前有几个该部门的合伙人也是法律专业背景且在律所做到了合伙人才转过去的。

后来这家会计师事务所给我发来邀请，让我们参加他们在附近一家酒店的晚宴。赴宴的路上，我才发现筱燃也在其中，很巧合，她也拿到了这个邀请。实际上，这是一场复试。

饭局中我们都比较谨慎，没有畅所欲言。两个雇主方合伙人给我们出了一道题目，其实是无领导小组讨论题。一边吃饭，我们共同参与晚餐的七八个中国人就开始讨论并作答。题目是关于一个排序，并说明之所以这样排序，分出轻重缓急的原因。我和筱燃的答案比较接近，而我们的阐释也相互进行了支持和补充。其他应聘者也进行了作答。后来我了解到，雇主方除了关注我们的回答体现出的分析能力和逻辑思维，更多的是做综合考量，甚至关心我们的用餐礼仪，点餐习惯，食量等。如果吃得多，实际上也是能量充沛的表现。

这种招聘方式我还是第一次遇见。

又过了几个星期的时间，这家会计师事务所也发来了录取通知。

最后我的选择有些出乎同学们的意料。但过去了很多年，有次我在北京跟 Leo 相聚在漫咖啡聊天，他说，Elena，你是对的。

很多年过去了，最近一次出差，我乘坐的南航航班是一架大飞机，有宽敞的机舱和电影播放屏。看着这熟悉的设施，一瞬间恍若回到了当时赴美留学的飞机上。时空倒流，我回想起自己一路的职业经历，走出校门整整七年，这七年间所发生的一幕幕往事历历如昨。回忆着自己的求职历程——中资所、外资所的笔试、面试；纽约名校招聘会，知名律所和企业的面试；安娜堡校园招聘会，名企云集；毕业前夕，美国证监会（SEC）和海外私人投资公司（OPIC）的电话面试……

现如今，时过境迁，从青涩懵懂的学生蜕变为职场中人，有许多心得，更有了一些人生体会。

十字路口：多元的去向

对法学院的学生而言，毕业后的去向主要有以下几种：律师、企业、公务员、学术、非政府组织（NGO）。还有个别的学生选择了转行，不做法律相关，而转向银行、投资银行或创业。

选择做律师，面临去中资所还是外资所，规模所还是精品所等问题；

做公务员，面临国考、省考以及其他种类的招考；

做学术，一般要取得博士学位、发表学术论文，晋升职称；

NGO是一个相对小众的去向，但随着当代大学生公益精神的增强，也成为一种选择。

在密歇根大学，有一个专门的职业生涯规划中心，为学生们提供辅导，包括道与术两个层面。一方面帮助学生进行职业生涯规划，发现兴趣所在；另一方面帮助学生修改简历，鼓励他们找到适合自己的职业。

对于简历，简洁、鲜明、重点突出是核心要素。本科和硕士期间，都有简历写作技巧的讲座。总的来讲，就是全面介绍，重点突出，扬长避短，展示自己。要对自己的出彩之处有准确的把握，知道自己的强项和弱项，了解自己，有的放矢；然后竭尽全力地展示亮点，打动招聘者的心。如果相貌俊朗，可以在右上角放一张阳光自信的一寸照片，会起到意想不到的效果。有时候，面试官会在大量的简历中快速筛选那些面相端正、简历清晰、大方、基本面优质的进入面试环节。

拿到面试机会，就离成功近了一步。在面试中，会有各种情形出现，有的公司比较正规，会采用结构化面试，题型固定，题目变换，或采用无领导小组的方式；有的律所是人力资源和合伙人一起或先后面试，以交谈为主，从他们自身的人生经验出发，对被试者进行全方位的考察。有些面试到最后就是一对一的交谈，非官方、非正式的话题也会聊。

其实，理论上准备得再充分，也不如实战经验来得真切和有价值。我参加过几个单位的笔试和面试，有些经验可以与师弟师妹分享。

律师事务所：庖丁解牛般的法律适用能力

举例来说，一家知名中资律所的笔试题目如下：

1. 案例分析。第一道大题25分：某公司破产清算中涉及诸多法律事务，哪些是不合法之处，请就法律事实、法律关系和法官可能做出的判决写一个备忘录（Memo）。第二题15分：某人去眼镜店购买眼镜，要求买400度的，结果值班经理给了他200度的，并声称眼镜本身没问题，戴几天就会适应，结果消费者由此视力下降，要求眼镜店赔偿，问这是合同违约，欺诈无效还是侵权。第三题10分：有一位王老先生进餐厅吃饭不慎跌倒至重伤，主张餐饮公司赔偿，问如果你是法官该怎样判。

2. 中英互译。英译中，是外资在中国设立子公司的相关规定，共三段，15分；中译英，是一份劳动合同中针对实习生的保密条款，15分。

3. 综合题。第一题10分，如果合伙人要见客户，让你写一个演讲稿，你不知从何处入手打算向合伙人请教，你将问哪些问题。第二题10分，write about your career plan in English（用英文写一段你的个人职业生涯规划）。

考试时间是 3 个小时，宽大的写字桌，一人一瓶矿泉水。据我观察，合伙人对自己相中的人不会过分追究笔试分数，而是重视学习背景和工作能力。笔试成绩只是一个重要的参考。

我也参加过外资所的笔试，题目与中资所有所区别，但大同小异，关于公司的案例，告诉你公司的股权构成，之后发生了股权变更，涉及的关联公司和个人等，要你分析其中的法律关系，写一个 Memo。此外，也有中英互译题目和关于律师执业的问题。

律所的面试，就如文章开篇所陈。合伙人也会用英文提问，如"Please introduce your family."（请介绍一下你的家庭），交谈中，他会注重听你的表达能力，流利程度和发音。

公务员：独木桥上的过河秘籍

公务员考试是我短暂的律师生涯之后经历的。这个转型，对我而言意义重大。为了这次考试，我阅读了大量资料，也参加了培训班。关于公考的介绍很多，在此不赘述，只讲我个人的心得。行政职业能力测试，测试的是智商，对题目的反应速度很重要。在短时间内，又快又对地做好，是考生必须掌握的能力。因此，提前的模拟训练很重要。考前十天，我每天上午都安排了两个小时的测试训练，计时，并涂一张答题卡，原汁原味地模拟考试实景，锻炼自己快速、准确答题的能力。

关于申论，也有很多老师在总结规律，我个人认为，首先是卷面整洁，其次是条理清晰，最后是表述流畅全面，不遗漏重点，而且要分层次。只要做到这些，拿到基本分数几乎不成问题。至于高分，就是要从材料中发掘出题人的意图，找寻埋藏在地下的电缆线，从而把整条脉络厘清，再加上名言警句、时政信息的点缀，基本可以达到中上水平。

美国政府部门实习：华盛顿的严苛标准

美国证监会（SEC）有一个实习项目，在 SEC 的网页上可以找到，每年都会招收一批学生。投简历过去，成功入围后，有个官员给我打电话面试。面试中，他主要了解了我的学习经历，对简历上的一些信息进行了核实，并交流了实习的内容。我提到也许要参加纽约州律师执业资格考试，这与证监会实习时间有部分冲突，他说要以律考为重，实习时间可以推迟。这一点，证监会也很人性化。

美国海外私人投资公司（OPIC）的面试官是前财政部官员，现海外私人投资公司的合规部部长。电话里他开门见山地向我介绍了他的背景，告诉我 OPIC 的实习中要做两块工作，一是搜集资料，二是写一些调查报告，有点类似法律研究。他讲话谦和朴实，使我尽可能地了解想知道的情况，并努力介绍自己的局限性，以及这个职位可能会带给我的失望。这种坦诚让我颇受感动。电话面试时间大约二十分钟，我们聊了很多。

我个人认为，以名校的资历和不错的分数，获得美国政府部门的实习机会并不难。面试中，要重视英语的流利和表达的顺畅，思路清晰，要对问题有见地，对自己有信心。

面试心经：独孤九剑，万变不离其宗

我参加过几次面试，印象深刻的有几个，自认为回答得比较出彩的也有不少。具体而言，是参加过的结构化面试，和一个名企的无领导小组讨论。

公务员面试中，有一个题目是你怎样看待智商和情商的关系。我回答说，智商和情商同样重要，智商左右一个人的学习能力，情商体现一个人的综合素质。习近平主席在天津座谈时曾经提出，对干部而言，情商很重要，因为要与群众打交道，倾听百姓疾苦，为老百姓做实事，这个过程中需要情商。所以我认为，智商与情商都重要，若一定要分一个高下，那么情商比智商更重要。

另外一道面试题是一则寓言故事，讲一种生活在北美的绿鸟，其特点是多疑。每次外出回到巢穴，都要站在穴边左顾右盼，长时间不敢进巢，唯恐里面有埋伏。小绿鸟出生后，大鸟会变得更加多疑，不但会怀疑巢穴周围的一切，而且连外出觅食都要随身叼着小鸟，结果叼来叼去有许多小鸟被摔死或葬身大海，绿鸟为自己的疑心付出了很大的代价。请问，你如何看待绿鸟多疑这种现象？

我首先破题，点明寓言反映的道理——"在我看来，绿鸟多疑现象体现了一种'信任危机'"。然后，分析了信任危机出现的原因。最后，我分三点阐述了自己的观点：一是相信自己，举了我经过复习通过司法考试的例子；二是相信身边的人，相信朋友和同事；三是相信这个社会和国家，尽管有些不和谐的音符，但相信主旋律是好的，在我们的努力下，国家一定会走向更美好的未来。

面试过程中，我坦诚自信，坐立自然，眼神平视，真诚地与七位评委进行目光交流，语速适中，举止从容。出场后，经历了两个多小时的苦苦等待，终于宣布分数，我取得了全场最高分。

在无领导小组讨论中，抢占优势地位很重要。如果没有排序，要争取先发言，第一个或者靠前的位置都不错。每次发言中要有效地利用发言时间，展示自己的观点和思辨能力，提出有独创性的深刻见解。如果没有争取到发言的优先权，也要不卑不亢，不气馁和不放松，而在总结中汲取他人的优点，适当概括，并重点阐述自己的理解。

若说经验，我个人认为，就是在短时间内抓住核心要素，举例子、摆事实、讲道理，把问题分析透彻。若能巧妙地运用名言佳句，更是锦上添花，口头做出一篇条理清晰、逻辑严密的申论，赢得评委的赞誉、取得高分并不困难。

伍 不同的选择，不同的命运

无论何种考试形式、怎样的答题技巧，都是通向职业生涯的钥匙。打开这扇门，步入职场，我们的路不过刚刚开始。

谈到职业生涯规划，我想讲几个身边的故事。

外资所：王牌之师，当将军很难

Maggie，清华大学法学硕士，密大LLM，毕业后进入知名美资所的北京办公室，马上从中国法律顾问（Chinese law consultant）升为律师助理（Associate），业务领域是资本市场和并购等非诉业务。

Cindy，北京大学中文学士，密大JD，进入知名英资律所香港办公室实习，留在香港，目前在做公司犯罪方面的诉讼业务。

孔宇，中国人民大学法学硕士，密大 JD，毕业后被多家律所争抢，他选择了知名美资所的纽约办公室，顺利拿到全球水平的薪资，俗称"Global Pay"。

小凡，浙江大学法学学士，牛津大学法学硕士，毕业后在中资律所工作两年，后进入知名美资所的上海办公室，做电信、传媒、娱乐与高科技业务。

美国回来的 JD 们和背景优越的 LLM 们很多选择了外资所，一是外资所工资水平高，大家读法学院期间付了高昂的学费，有的还背负着贷款，希望在工作中尽快挣回；二是外资所对新人有完善的管理制度和培训体系，知识分享也做得好，新人可以有良好的学习和成长环境。

外资所的弊端也是比较明显的，那就是积累客户比较困难，华人上升到某个位置之后会遇到"天花板效应"（ceiling）。这也是很多在外资所工作多年的律师到中资所做合伙人的原因。在中资所，他们可以有更多自由的空间。

中资所：一线门派鼎立，二线烽烟四起

叶律师，北京大学法学学士，中国社会科学院研究生院法学硕士，美国哈佛大学法学院 LLM，曾在一家国际性律师事务所工作多年，后加入顶级中资律所，在国际仲裁、反商业贿赂等相关的合规业务以及跨境商业争议的解决方面造诣颇深，屡获殊荣。

宋岑，浙江大学法学学士，乔治城大学（Georgetown）LLM，回国后在北京一所顶尖律所做 WTO 争端解决、国际贸易方向的诉讼业务，常年出入于商务部和日内瓦 WTO 仲裁委员会之间，三年后成为主办律师。

裴律师，北京大学法学学士，弗吉尼亚大学（University of Virginia）的 LLM，纽约大学（NYU）的税法硕士（Tax LLM），在纽约、硅谷、香港、上海等地的知名外企、外资律所、中资律所辗转数年，最后回到北京，与同人合伙创业，在一个新成立不久的中资律所做高级合伙人，律所在他的带领下发展势头迅猛。

……

大多数选择做律师的学子会进入中资所，只是所与所不同，业务领域有所区别。有人说，一线城市是江湖，二线城市是道场。在一线城市的律师事务所，也如江湖门派，各领风骚。有几大顶级中资所，包括规模所和精品所，其他的则是北京、上海、广州和深圳等地的当地所，规模所有点类似外所，有严格的管理制度和培训机制，但晋升合伙人的制度比较严苛；精品所正如其名，小而精，待遇比一般中资所要高，业务主要在商务领域，有的专攻诉讼，有的专攻资本市场。其他的律所则门派鼎立，各有千秋，在每一类业务中都有一部分能进入顶尖排名。二三线城市的律所，可谓是烽烟四起，业务范围较广，以诉讼为主，瓜分当地的法律服务市场。业务领域，既涵盖民商事，也有刑事，有的所也打行政诉讼官司。

能否进入顶级所，靠的多是本科和硕士学历，这些所对国内的法学院毕业生而言通常门槛较高，对海归稍好些，但随着近年来海归的增多，竞争也日趋激烈。

学术：冷板凳与热思维

我曾经一度想过走学术道路，也为此咨询过导师。他说，学术道路既有学位要求，又有论文压力，如果喜欢安静，喜欢思考和钻研，能坐住冷板凳，能承受寂寞的生活，也是一个非常好的选择。若想在国内顶尖大学做教授，最好在国外拿了博士学位，做到副教授，再回国。

然而，在国外精英云集的法学院做到副教授，对华人而言并非易事。

不妨讲讲身边两个学者的故事。

Bryan，浙江大学法学学士，哈佛大学法学院 LLM，康奈尔法学院 JD，在美国外所工作几年，回国后进入国内知名高校做学者，三年后晋升为副教授，七年后晋升为教授。目前身兼行政职务，是年轻有为的典范。

他对我说，学术道路真的辛苦，若不是真的有兴趣，很难坚持。而他自己确实在这个过程中尝到了酸甜苦辣的滋味。目前有很多事情要处理，为了项目拼搏，为了家庭努力，时间不够用，生活很充实。

Alex，中国人民大学法学学士，密歇根大学法学院 LLM，毕业后回香港一家外所工作了几年，又回到密歇根读了税法硕士，接着读了 SJD，用了最长的时间，延长学业，读博士期间在美国生了两个孩子。博士研究结束后，回北京一所知名高校做了老师。

要知道，美国的 SJD 名额本就非常稀少，给华人的机会就更少。他说，既然历经千挑万选获得了这个机会，又经历艰难险阻拿下了学位，回国不当老师，实在有点亏。

我个人认为，教授的价值随着时间的推移而增加，越老越吃香。在高校不用坐班，每年有两个假期，业余时间既可以兼职做律师，也可以参政议政。在教授法律的过程中培养大批学生，传播法律精神，著书立说，影响立法、行政、司法，收获桃李满天下，对教授而言是别样的幸福。此外，学者和官员之间的转型，也成为近年的趋势，不少专业人才进入政治队伍，也有官员改行从学，都有成功的案例。

虽然我没有选择学术道路，但身边的学者很多，师长们的经历给了我最好的参考。我的一位导师对我说，做学问要一丝不苟，要有坐得住冷板凳的精神，但也要有热思维，保持灵敏的学术嗅觉，既不断夯实基础，又始终关注前沿。

企业法务：打理点滴事务，争取进入核心层

我的同学里，本科毕业后直接进入企业做法务的也有，但为数不多。有一个成功的例子，Wilson，国内知名大学本科毕业后在知名外企实习，之后留下工作，一直做到中国区法务总监，工作七年后赴密歇根镀金，读完LLM回来后，升职加薪，如今已进入董事会，成为决策层的一员。

还有不少律师在事务所工作几年，不再为了做合伙人而奋争，而是进入大型国企或外企做法务，每年拿几十万元的薪酬，生活也过得舒适。

与律师事务所不断加班、越忙越有钱相比，企业法务的待遇没有合伙人高，但也不会太低，不像律师一样有一个个项目，而是围绕公司常规性的法律事务进行点滴的打理，不在核心层，但也不可或缺。

此外，对法律人而言，法院是运用专业知识相对较多的部门。除各级法院外，与法律有关的行政部门也需要大量法律人才。考

公务员，为群众做事，也是一种选择。

毕业后，从天之骄子一夜之间成为最底层的员工，每个学生都要面临这样的落差。摆正心态，接地气，从基层做起。

三百六十行，没有高低贵贱之分，只有喜欢与否和适合与否。只要是自己喜欢的，适合自己的，就值得为之奋斗。具体怎么选择，还要看个人志趣，人生机遇。

法律人是一个职业共同体。无论是法官、检察官，律师、法务，还是非政府组织的工作者，都能在各自的岗位上收获自己想要的。

别放弃了自己的优势条件。

你是谁，想成为谁，走过之后才知道。

只要没有走失。一切都是好结局。

特别提示：应对考试的十个黄金法则

1.**睡眠充足**。根据自身特点调整作息，提高睡眠质量。找到大脑工作的黄金时间，少熬夜，提高学习效率。

2.**心情愉快**。停止抱怨，常出门走走，呼吸新鲜空气。带上相机，在户外拍些风景照，愉悦身心，保持良好的状态。

3.**全神贯注**。学习的时候找到安静的环境，排除干扰，全身心投入，让有效时间内的记忆和思考都更为高效。

4.**适度减压**。备考对一个人的意志力考验极大。可以跟同学结伴复习，并找到合适的途径缓解压力，如跟父母或亲友倾诉。

5.**加强锻炼**。备考期间更要加强锻炼，给大脑供氧。健步走，瑜伽，游泳或球类运动均可。如果没有户外运动条件，在室内活动亦可，如平板支撑或深蹲，或者做一些健身动作。

6. 减少社交。拒绝不必要的聚餐和活动，避免热闹的氛围让心情浮躁起来，影响复习状态。不与人争执，防止被负面情绪干扰。

7. 不聊试题。考试后不必与人过多交流试卷和答题情况，聊得越多，反而越会增加焦虑感，影响接下来的发挥。

8. 饮食健康。保证膳食均衡，多补充营养素，给大脑补充能量，并注意饮食清洁，防止考试过程中出现不适。

9. 理疗放松。可以找专业按摩师进行推拿，调理身体。

10. 充分准备。将复习大纲、重点内容烂熟于心。找到最适合自己的签字笔和铅笔，提前调试电脑，保证答题顺利。

尾声：告别，是为了重逢

清晨，一阵急促的电话铃打破了寂静。我匆匆起身，拿起手机。是 Rebecca，她来送我去机场。

这一天，是 2012 年 5 月 18 日。正值春夏之交，天气晴朗，万里无云。

Rebecca 穿了一件中袖衬衫，黑色皮鞋。这次，为了装下我的两个大行李箱她开了一辆越野车。我们艰难地把行李搬到车上，车子飞驰在安娜堡的小高速上。

抵达机场后，办理登机手续，进入候机大厅。

我找了机场内的一家日本餐馆吃饭。一个人吃着乌冬面，心情五味杂陈。这里有太多值得我留恋的东西。而另一片土地上，亲人们正殷切地期待着我的归来。

不久，登记时间到了。我背起双肩包，踏进机舱。放眼望去，大部分是黄皮肤黑眼睛的中国人。他们年龄都不算大，看样子也是学生。

我找到座位，把背包放到行李架上，坐下来，系好安全带。打开 Kindle 阅读器，等候飞机的起飞。我身边是一个中国男孩，看上去跟我年龄差不多。

机上开始播放安全注意事项。不一会儿，隆隆的声音响起，飞机高速滑行，渐渐离开地面，倾斜起来……

我望向窗外，安娜堡的广袤土地一览无余。这座城市，伴随着法学院的一切，与我渐行渐远。我凝望着她，直到看见天际的一团白云。

停不下来的思念开始贯穿我的全身。我想起第一次来到安娜堡的灿烂阳光；第一次看见法学院童话里梦境般的建筑时欣喜的感觉；第一次与教务处高挑美丽的职员 Stephanie 交谈时暗自赞叹她的气质与魅力；第一次参加新生欢迎日，看到班上各色皮肤、背景各异的同学们时激动的心情……我想起院长第一次带领我们进行入学宣誓；第一次听完整堂的宪法课，记下洋洋洒洒的数页笔记；我想起第一次被《公司法》老师追问的尴尬情形，第一次与商法泰斗 JJ White 面对面单独交流；第一次跟 Nick Rine 教授谈起律师思维……我想起在休伦河的泛舟，在运动场看橄榄球赛，与上万的密大人一起挥舞拳头，高唱校歌……第一次驾车行驶在高速路，第一次乘坐小飞机穿越大峡谷；第一次踏上纽约、华盛顿、芝加哥、旧金山、洛杉矶、拉斯维加斯、圣地亚哥、佛罗里达、墨西哥坎昆等地的视听感受……这一切的一切，让我的思绪停不下来。

我想起走了成百上千遍的校南路，吃过无数次的"熊猫"中餐馆的西兰花炒牛肉，与中国人在家中谈佛教、基督教、儒家文化，在纽约面试，在百老汇看剧……我想起奥巴马的演讲，《认知科学与法律推理》老师的仰天长望，《国际商事交易》老师 Tim Dickinson 与我喝着咖啡畅谈职业生涯规划，证监会与海外私人投资公司的电话面试，院长的毕业典礼致辞，司法部部长的应邀出席……

尾声：告别，是为了重逢

在离开的时候，过往的一切愈加清晰。

曾经有人问我，为什么选择留学美国？花几十万元读LLM项目，是否值得？也有不少人问我，为什么回来，为什么不留在美国？

追问与追寻

我们为什么要出国求法？莘莘学子经历一番西游之后，我们要取得什么样的"真经"？

这是卡尔·巴特在《罗马书释义》里的一段话："历史可以有一种效用，过去可以和现在交谈，因为在以往和当前之中存在着共时性，共时性治愈了以往的哑和当前的聋，使他们能开口和听见。"这正如唐太宗所说："以铜为鉴，可正衣冠；以史为鉴，可以知兴替；以人为鉴，可明得失。"历史恰如其分地彰显着它的魅力，它曾被人当作未来所期待，也被人当作现在来思考。所谓共时性，就是时间的共同规律吧。因为人们总是容易忘记历史，那些共同的规律也因为这种遗忘而淡薄。所以，历史也许就是未来，而未来也正是历史的未来，我们可以遗忘，却不能不常常翻拾。她恍若一双眼睛，直视灵魂深处。

而逝去的青春岁月，则是从这般凝视中，慢慢苏醒。

西行的动力

又一个出国留学的申请季节。那时，法学出国留学热潮持续高涨。

著名民法学家梅仲协在《民法要义》序言中说，"法律是一门艰深的学问，仅凭我国的文字书籍和资料，无法读好法律，要必修德文和日文，能看懂德国、日本的法律书籍和资料，才能读好法律"。

这与当代中国法的渊源有直接关系。这是一个大命题。中国古代法的历史，可以回溯到华夏文明发轫之时，可以在古代青铜器中寻觅它最早的踪迹。即便是从早期著名的成文法《法经》算起，有成文法的历史也有两千多年了。其间，虽不乏与异质文化的撞击、融合，但它始终都不曾中断。

管子云："法律政令也，吏民规矩绳墨也。"而此中"法""律"皆是单字。先秦言法，商鞅以后则改说律，其实这两个字可以互注，意思是一样的。"夫法令者所以诛恶"，其意在"禁暴止奸"，使百姓"畏而知警，免罹刑辟"。这几乎是中国古代法的唯一功能。这种以刑惩为能事的"法""律"不过是现今众多法律部门中的一支。直到两千年以后，日本才独创性地改其为"法律"。

而西方法律，权利是题中之义。如拉丁文的 Jus 或法文的 droit，表明"法律"的文字与"权利"是同一个。"这产生两个结果：第一，权利多种多样，包括政治的、经济的、社会的，而法律保障权利的功能也扩展到社会的各个领域；第二，权利是彼此冲突的，所以对权利及权利的保障有完全不同的价值判断。由此衍生出正义的观念，即 justice（正义，另一含义是司法）"。梁治平先生在《法辨》一书中如是说。而这两点，在我国古代的"法"和"律"中都看不到。

欲谈当代中国法的渊源，不得不谈到清末的法律改革。19 世纪中叶，中国的古老文明遇到了一个前所未有的挑战，这个挑战来自西方文明。"表象上，这是西方列强与清政府之间的较量，

尾声：告别，是为了重逢

实际上隐伏于后的，是两种文明、两种生活方式、两种社会形态的角斗"。对梁治平先生的这一观点，我很认同。鸦片战争之后，西方列强开始在中国设立租界，成立特别法庭，行使所谓领事裁判权，中国古代法延续两千余年的统一性始遭破坏。大约半个世纪后，又有中英两国的所谓"通商航海条约"，其中，第12条规定："中国深欲整顿律例，其与各国改同一律，英国允愿尽力协助，以成此举，一俟查悉中国律例情形及其断案办法及一切相关事实皆臻完善，英国当放弃其领事裁判权。"中国法的全面改革由此开始。1902年，清廷委派沈家本、伍廷芳为法律大臣，设修订法律馆。

沈家本（1840~1913年），清末官吏、法学家。

庚子之变后，清廷在经历了半个多世纪列强的倾轧和逼迫后，不得不萌生变法之意，60多岁的沈家本被任命为刑部侍郎，启动了晚清的法律改革。沈家本殚精竭虑，向中国传统法律数千年的积弊开刀，改造旧律，制定新法。从1902年到1911年8年多的时间里，制定了《大清新刑律》《钦定大清商律》等一大批中国前所未有的法律，奠定了中国近代法律体系的框架。中国今天所使用的一整套法律原则理念和概念术语，很多发端于这场史无前例的修律运动，这场运动可谓作用巨大，意义深远。

此后经过几代人的努力，至1949年中华人民共和国成立前夕，这一工作已颇具规模，其主要标志是《六法全书》的完成。在此过程中，由于聘请西方法学家担任顾问，并吸收西方法律的最新成果，法律的西化进一步完成，如20世纪30年代陆续颁行

· 251 ·

的民法，几乎完全是以德国和瑞士的民法典为蓝本写成的。1949年中华人民共和国成立，宣告《六法全书》及其他所有旧法概行废止。这是当代新中国法的开端。

在梁治平先生看来，中国当代法的历史渊源有四种：西方的法律体系是当代中国法的第一种历史渊源。建立西方法制的尝试始于清末法律改革，这在上文已经有所陈述。中华人民共和国并不想退回到前清时代，它废止了所有的"旧法"，在一个新的基础上制定了新法，这个新的基础就是马克思列宁主义的意识形态。这是当代中国法的第二种历史渊源。当代中国法的第三种历史渊源乃是古代传统。19世纪以后，虽然古代传统为新世界的潮流冲击、荡涤，庞大的古代法体系也已经土崩瓦解，固有的思想观念却未能随之改变。中国共产党人半个多世纪以来的历史经验又是决定当代法性格的第四种历史渊源。

法律人之治与法律和宗教的一场恋爱

有学者提出，法律人应当形成职业共同体，以共同的职业伦理为基础，用共同的语言和职业习惯为纽带，践行共同的职业理想。而要实现这一目标，共同的知识背景和价值观是根本。法律是一门非常复杂而精细的学科，法律人固然应该具备文史哲常识，并广泛涉猎科学知识，但对本专业的内容应当具有高精尖的追求。出国留学正顺应了这一高精尖的追求，既是对申请者法学知识结构的完善，又是对自身视野的拓展。

西方社会3000多年的历史，有1500多年被基督教贯穿，这不得不说是一个奇特的现象。宗教是狂热而虔诚的信仰，法律是冷静而理性的规则，这两个看似互不相干的范畴，却是人类历史长河中的一对孪生兄弟，相互抗衡又彼此支撑。法律凝聚了宗教般单纯而执着的信仰，宗教又在超验的精神层面给予法律博爱的智慧，它们相互渗透，彼此影响，交织成人类精神层面一道独特的风景。

哈罗德·J.伯尔曼（Harold J. Berman）的《法律与宗教》一书，对此进行了深刻的阐释。在伯尔曼的书中，作者将法律与宗教看作"两个不同而彼此相关的方面，是社会经验的两个向度"，并指出"在所有社会，尤其是在西方社会，更特别是在今天的美国社会，都是如此。尽管这两方面之间存在紧张的关系，但任何一方的繁盛发达都离不开另外的一方。没有宗教的法律，会退化成一种机械的法条主义。没有法律的宗教，则会丧失其社会有效性"。

在西方历史上，基督教对西方法律传统乃至整个西方文明都产生了持续而深远的影响（这一点对缺乏宗教信仰根基的中国人而言，并不容易感同身受）。但宗教信仰和法律秩序在伯尔曼教授的时代面临危机。伯尔曼指出："今天大多数美国人——与他们的祖辈和曾祖辈相比——认为，法律与宗教是两种互不相关的东西。他们为法律和宗教下了偏狭的定义：法律被认为是政治机构为控制和调整社会行为而制定的规则，宗教被认为是关乎上帝、灵魂拯救以及人格道德的个人信仰。"

他在最后表达了对未来的展望："无论是东方的个人神秘主义还是西方的社会实践主义，看来都没有掌握开启我们时代宗教与法律相互关系的钥匙。前者太近于狂信，后者则太接近极端守法主义了。希望就在综合的新时代；希望就在于，作为一个民族，作为一种文明以及作为人类，我们将有忍受旧时代死亡之痛苦的坚韧毅力，有对重获新生的热烈期望。"

尽管伯尔曼在自序中表示，此书"只求适时，不求不朽"，但《法律与宗教》一书所包含的丰富思想与深刻洞见，如同一把钥匙开启了心灵的枷锁，留给我们广阔的思考空间。

对于缺乏宗教信仰根基的中国人，要理解伯尔曼的理论，面临着东西方文化的鸿沟。既不同于政教合一的伊斯兰民族，又不同于政教分离的西方世界，华夏民族自古就是缺少宗教狂热的群体。诚然，中国历史上涌现过孔子般的至圣先师，但在中华文明的历史长河中，并未发展出像西方一样的超自然和世俗的宗教信仰。由此，"法律与宗教"这一命题，在很长一段时间内，难以让我产生共鸣。纵观中国学者们所做的研究，也多是置身事外，评述西方历史的纵向发展，为先哲的理论添加注脚。

宗教信仰究竟是个人的自由还是社会的规范？是个体自主决定、无须他人干涉的意识形态，还是社团共同尊奉、付诸仪式彰显的团体性制度规约？这个问题自赴美之初就不断盘旋在我的脑海。要探讨该问题，不得不从西方社会的教会法谈起。

上帝被西方人自己"杀死"了

自 11 世纪格里高利七世宗教改革之后，教会与世俗政治决裂，开辟了一条新的道路，由此产生了影响后世立法的教会法。从性质而言，教会法带有浓厚的自然法色彩。它将《圣经》奉为圭臬，继承罗马法的体系，修正日耳曼法，形成一套层级分明理论完善的法律体系，统领整个基督教世界；从地位而言，教会法是西方基督教社会的至高行为规范，约束着从教皇到主教再到平民信徒的所有耶稣子民。

法律存在的意义在于创设秩序，从而约束人的行为。人们对世俗法的遵循，源自对现实惩罚的畏惧；然而对于作为信仰之规则的教会法律，人们在畏惧惩罚而遵从的同时，更多的是出于对自身强烈的道德感和对体系强烈的正义感而自愿服从。基督教宣扬爱，这种"大爱"体现于规则的普适性，在于创设一套能够得到普遍遵循的秩序，从而为上帝之爱普及每一个个体创造可能。有了如此宏伟的理想，成为基督徒就变得不只是个人的事。基督徒的使命包括宣扬上帝之爱，让更多受众得到上帝的垂青，规范的教义与孜孜不倦的教化驱使信徒们自觉奉行使命。一种职责一旦受到使命感的敦促，将使人变得坚毅，执着，甚至狂热。

十字军东征就是这种宗教狂热燃烧到沸点的爆发。诚然，十字军东征对于西方历史的作用是深刻而久远的，但它对东西方世界的关系、基督教与伊斯兰教、西方民族与犹太民族和穆斯林之间的关系却是致命一击。

宗教的价值在其社团活动中彰显，通过教会团体的内部规范调整内部关系，从而令所有教徒都有机会接近主耶稣的神谕。但是，路德的"因信称义"观打破了这一千多年来基督徒恪守的信条。他宣扬宗教信仰是个人的事，不应受到外界的干预，这一观点随着文艺复兴中"理性主义"的崛起，从根基上撼动了基督教世界的价值观。马克斯·韦伯在《新教伦理与资本主义精神》一书中指出，随着西方人理性观念的不断提升，他们开始认为人的理性足够强大，人的智慧能够"计算"所有事物，最后的结局就是，上帝也进入了人所能"计算"的范畴。于是，上帝"被西方人自己杀死了"。

且不说任何理论都有值得推敲之处，韦伯对宗教权威的深刻批判和反思，在西方历史上无疑具有积极意义。随着资本主义市场经济的迅速发展，法律规范不断完善，世俗法占据了西方法律世界的主流，教会法日渐式微；但同时，人们对制度的批判意识逐日增强，随着解构主义和自由民主运动的发展，人们的规则意识以及对法律的终极信仰逐步衰微。

换言之，人类所谓的"理性"否定了上帝，更进一步，也否定了自己。

摸着石头求法

"解构"过后仍需建构，否定之否定是肯定。这就正如资本主义自由经济危机到来之时，国家强制力必须介入其中进行干预。如果说宗教是纯粹个人精神领域的活动，那么缺乏引导的个人信仰，最终将导致社会价值体系的冲突、混乱乃至崩塌。"礼崩乐坏"的思想领域同样需要"祛魅"，需要恢复信仰和秩序。

伯尔曼理论的精髓正在于此。他在书中指出，"正如没有宗教的法律会丧失它的神圣性和原动力一样，没有法律的宗教将失去其社会性和历史性，变成为纯粹个人的神秘体验。法律（解决纷争和通过分配权利义务创造合作纽带的活动）和宗教（对于终极意义和生活目的的集体关切和献身）乃是人类经验两个不同的方面；但它们各自又都是对方的一个方面。它们一荣俱荣，一损俱损"。

作为历史悠久的文明古国之一，中国是少有宗教狂热的国家。孔子的儒学，即使有人称其为"儒教"，充其量也不过是一种政治哲学，它以活生生的形态影响着统治者的行为，是王权主义的工具,其所谓"正心、修身、齐家、治国、平天下"的政治理想,从某种程度而言,是将个人生活与政治理想合二为一。很难想象在中国有哪种思想能够让人无条件地尊崇。

在借鉴西方的领域,我们已经走出了很大一步,而在发展和改良中国古代传统制度方面,我们做得还远远不够。这一点,伯尔曼在附录《展望新千年的世界法律》中指出:"儒家的礼法之分和以礼为尊的思想,妨碍中国全面参与我所称的世界社会法的发展,这种社会法比经济法更需要各谋自利和彼此利他的融合……在即将到来的千禧年里,随着世界经济演变至世界社会,世界社会又最终发展成世界社群,套用中国人的观念看,'法'将会逐渐融会吸收不少'礼'的特质。"

联想到《南方周末》的一篇评论,评价中国为何总能在"摸着石头过河"的改革探索中找到"石头"。在我看来,这是因为有千万国人前赴后继的对幸福的追求,这种追求根基于自由和秩序,隐喻着中国特色的人本主义。正如习近平总书记所言,中国共产党人的初心和使命,就是为中国人民谋幸福,为中华民族谋复兴。"人民对美好生活的向往,就是我们的奋斗目标"。

历史的眼睛回眸着过去,注视着今天,凝视着未来。在时代的转型期,资本主义自由经济进入瓶颈,金融危机席卷全球,中国国内的改革也步履维艰,传统的政治、经济、文化都面临着比伯尔曼时期更为激烈的震荡与挑战。然而"死亡"总是预示着"新生",动荡总是秩序的前奏,在中西方文化剧烈的碰撞交融中,我们正在亲历凤凰涅槃。

密歇根的前生今世

我为什么选择密歇根？这要从美国的教育体系谈起。美国的高等教育起源于1636年建立的哈佛大学，当时的哈佛大学一直照搬宗主国英国的高教体制和教育内容，搞所谓的"古典"教育。到了19世纪中叶，美国大学的水平远远落后于欧洲大陆，特别是德国和法国。密歇根的建校理念融合了德国和法国高等教育思想的精华，率先摆脱了英式教育的窠臼，在南北战争后，一跃居于全美领先地位。当时，连哈佛的教授都承认哈佛不如密歇根。在此基础之上，密歇根的发展还得益于它在密歇根州高等教育系统的龙头地位。几任杰出校长的领导和密歇根州经济（汽车工业）的持续发展，把密大的优势一直保持到今天。

关于选校，我并不赞同完全依据US News的详细排名。对全美排名前14的一流法学院而言，详细的排名并不能区分学校的优劣。哈佛、耶鲁、斯坦福大学声名卓著，纽约大学、哥伦比亚大学、乔治城大学有其地缘优势，而密歇根大学、宾夕法尼亚大学、芝加哥大学等校有其师资优势。例如，密歇根大学法学院以国际法和比较法闻名，其独有的国际税法项目每年定量培养一批专业人才；而其他专业同样具有无可比拟的师资优势，如商法领域赫赫有名的Jame J. White，曾是美国合同法界最具权威的泰斗级人物，而公司法和证券法领域的Adam C. Prichard、Nicholas C. Howson这些教授，早年都曾在美国法院或政府部门发挥过影响力。

尾声：告别，是为了重逢

著名法学家吴经熊，1899~1986年

吴经熊，一名经雄，字德生，浙江省宁波鄞县（今鄞州区）人。

密歇根大学法学院毕业生，著名法家法，法学博士。1916年入上海沪江大学学习，不久转入天津北洋大学，1917年入东吴大学法科学习。1920年赴密歇根大学法学院学习，1921年获法律博士学位，后赴巴黎大学、柏林大学、哈佛大学访学。1924年回国，任东吴大学教授、上海公共租界工部局法律顾问，1927年任上海特区法院法官、东吴大学法学院院长，1929年任上海特区法院院长，1933年任立法院宪法草案起草委员会副委员长，1945年任国民党第六届候补中央执委，1946年任驻教廷公使、制宪国民大会代表等。

1859年，密歇根大学法学院在美国密歇根州安娜堡创设，附属于密歇根大学。近年来，该学院在《美国新闻与世界报道》的法学院排名里位列第十。在1987年该排名第一次发布时，该学院排在第三位，仅次于耶鲁和哈佛。值得一提的是，密大法学院是全美输送法律学者和法官最多的学校。密大法学院对民国时期的法学影响更大。著名法学家吴经熊先生作为苏州东吴大学比较法学院交流项目的留学生，就曾就读于密大法学院。东吴大学曾是中国最负盛名的大学之一，后来并入了苏州大学。第二次世界大战以前，密歇根大学的法学院曾为当时的东吴大学培养过三位法学院院长。

密歇根大学法学院也是与中国交往最久，联系最密切的美国法学院，早在20世纪初期，几位中国著名的法学家、法官、律师和立宪主义者就来到安娜堡访问，目的是进一步加深对"英美法"法律传统的了解。从1859年密大法学院成立到1959年的一百年间，中国留学生始终是这里外国留学生中人数最多的。1949年后由于意识形态的分歧，中国大陆和美国官方的交流戛然而止，但密歇根对中国和中国问题的研究依然在继续，先后成立了远东语言和文学系、远东研究专业，并获得了支持东方艺术研究的Freer基金的资助，最终成立了中国研究中心。这与耶鲁的中国法研究中心有异曲同工之妙。

2005年，密歇根大学校长Mary Sue Coleman女士到中国各地访问，并与中国的大学签订一系列合作协议，以北京大学、清华大学和中国人民大学等高校的法学院为代表，建立了合作交流的框架和平台。这些法学院的名师也曾先后来密歇根大学法学院访问。芝加哥大学的法律博士（Juris Doctor, JD）项目格外出众，而宾夕法尼亚大学法学院以学术见长。伯克利侧重理工科，虽然有良好的民主传统，但伯克利法律的优势借助硅谷，主要集中在知识产权领域。纽约大学法学院的LLM项目规模大，有助于校友人脉网络的建立，找工作也有其他学校不可比拟的地缘优势。如何选择，要根据个人需求、爱好品味、申请的条件和要求，客观衡量自己与学校的匹配程度。

从项目规模角度而言，密大法学院的LLM项目一直保持每年只收四十余人的小规模，项目的国际化程度之高，也超过了我的预期。丰富的地域和法律背景对同学们开拓国际视野，建立广泛而持久的友谊，都有积极而长远的意义。

选择密歇根

追根溯源，密歇根大学也是与中国关系最密切的美国大学之一，19世纪90年代到20世纪50年代，来到密大就读的中国学生人数超过美国其他任何一所大学，包括中国"物理学之父"吴大猷博士，中国工程院第一任院长朱光亚博士，1976年诺贝尔物理学奖得主丁肇中博士，以及中国第一位大学女校长吴贻芳博士等。除了学术传统和与中国的联系，密歇根的校园环境也是不可比拟的。安娜堡是小城市，但排名全美最适宜居住的小城市第二名。我坚信，历史决定了未来的走向，专业如此，大学如此，选择也如此。看到未来的二十年到五十年，想想自己的发展将何去何从，然后再决定是否出国深造，选择哪所学校，将更加理智。

申请是一个艰辛又复杂的系统工程。成绩单，个人陈述，推荐信，托福考试，以及各种证书的缩印、翻译……我总结自己的资历，回顾这些年的成长阶梯，从中发掘亮点，把生命中的这些财富串成线索。

密歇根大学的申请既需要优异的本科成绩，又需要良好的外语能力，更需要丰富的社会活动经验，甚至出国交流经历。从进入大学开始，我就注重这方方面面的积累。

成绩方面，平均绩点（GPA）专业排名前5%；浙江省优秀毕业生（本科毕业人数的5%）；竺可桢荣誉证书，文科平台"拔尖创新人才培养"，全校3万余名本科生中选拔的102人之一；通过国家司法考试，取得法律职业资格证书；托福过百……这些，是申请成功的基石。

社会活动方面，作为竺院500余人中选拔的50人之一，参加竺可桢学院第六期"卓越人才培养计划"，获汤永谦基金会资助，赴美国加州大学戴维斯分校访问；作为法学院选拔的两人之一，参加苏州大学王健法学院中美欧法律暑期学院〔美国康奈尔大学、德国布索瑞斯法学院、清华大学主办，意大利米兰大学等承办，美国律师协会（ABA）认可的国际教育合作交流项目，美国王氏基金会资助〕；通过世界范围严格选拔，作为22国50余名参加者中的唯一中国人，赴德国柏林洪堡大学，参加第十一届"争议解决"高级研修班，获争议解决、调解、国际仲裁高级研修合格证书；参加美国托马斯杰斐逊法学院、浙江大学光华法学院国际法海外研习项目；赴中国政法大学交流学习半年，获第二校园学习经历证书；美国印第安纳大学法学院"对抗制庭审技能培训"结业（500余人中的前50名）；德国明斯特大学模拟联合国、模拟国际法院录取（35个国家200多名优秀学生之一），厦门大学国际法高等研究院暑期研修班录取；竺可桢学院毕业DV《蝉蜕》编剧，独立撰写三万字剧本……这些丰富的活动经验很好地点缀了我的履历。

获奖方面，浙江大学学业优秀奖学金、优秀学生、优秀团员荣誉称号；社会活动、社会工作、研究与创新奖学金；郑志刚奖学金；浙江省第十一届挑战杯"动感地带"大学生课外学术科技作品竞赛二等奖；第二届"法律人超级辩手对抗赛"季军……这些，也是申请中的要素。

我在《个人陈述》（Personal Statement）中总结自己的出彩之处，并着重探讨了做志愿服务论文调研的一段经历。在《求学意向》（Statement of Purpose）的撰写过程中，我参考了国内外前沿的论文，表达了自己在国际劳动法领域的兴趣。

此外，密歇根大学申请系统中有一项特别的内容，要申请者填写曾经去过的国家，以及是否通过国内的司法考试。本科期间

尾声：告别，是为了重逢

出国交流的经历和为司考的奋斗，在这里得到了反映。这些，我猜想也许是密歇根大学在成绩之外更重视的。

在等候申请结果的过程中，密大的 LLM 项目秘书来信与我交流，要了我在政法大学交流学习期间的成绩单。或许这段经历对申请成功起了作用。

关于推荐信，虽然密大要求两封，但我提供了四封，分别请了时任中国政法大学国际法学院副院长的张丽英教授，我在竺可桢学院的导师、浙江大学张谷教授，UC Davis 国际交流项目主任 Beth Greenwood 和一位中国法官来撰写。他们从综合素质、专业能力、社会活动和发展潜力等方面，对我进行了热情洋溢的推荐。这也是申请成功的有利因素。

犹记得，2010 年 3 月的一个下午，快递员打通了我的电话，说有快件，要我亲自去领。我从之江校区蜿蜒的山路上走下，来到校门口，签收，发现是一个鼓鼓囊囊的包裹。是录取函！我大胆猜想。

果不其然，拆开看，是密歇根大学的来信。

"Congratulations！（祝贺你！）……"

录取通知书！

附着厚厚的一叠关于密大校园文化、历史和师资的介绍，以及安娜堡生活掠影。

成功了！我被密歇根大学录取了！

连着一个多星期，我都沉浸在浓浓的幸福里，仿佛每一个日子都洋溢着雨后泥土与青草的芬芳。

艰难困苦，玉汝于成。

我选择了密歇根。

· 263 ·

幸运的是，密歇根也选择了我。

这次取经，是一次漫漫征程，也是一次心灵的旅行，在这段倾听历史、对话古今的旅程中，我们可以对历史中的法、当代的法、中西方的法进行思索，对中西方的宗教、历史、哲学等问题进行追问，从而正衣冠，明得失，知兴替。这才是我西行的最终目的。

葱茏之约

出国前，我认为美国有着较为成熟的法律体系和司法制度，了解美国，学习他们的先进之处，对将来推进我国的法治建设有很大的帮助。特别是美国的公司法、证券法，在理论与实践上都较为完善，而研究企业社会责任，将商法与劳动保护、人权保障结合起来思考，或许对新时期的理论与实践有益。

来到密歇根，学习了一段时间，我才发现美国法律所生长的土壤有独特的制度特色和历史背景，他们的法律思维和推理方法深受英国普通法的影响。这些法学理论体系未必适合中国。

中国应当走自己的道路，即中国特色社会主义法治道路。这条道路，"看似寻常最奇崛，成如容易却艰辛。"鸦片战争后，为挽救民族危亡，无数仁人志士主张变法图强。很多人认识到中国落后的根源在于旧的制度和体制，试图学习、移植西方的法律制度，搞君主立宪、搞议会民主、搞五权分立等，但都失败了。直到中华人民共和国的成立和社会主义制度的确立，才为在新中国实行真正的法治奠定了根本的政治前提和制度基础。

中国特色的社会主义法治道路凝聚了无数前人的艰辛探索，是从"人治"到"法制"再到"法治"的飞跃。虽然中国的法治建设还有很长的路要走，但我们的社会主义方向不变，为人类社会和平与发展的努力永不止息。只有更好地凝聚智识，取人之长，补己之短，才能更好地推进我们的法治。

《法律之门》中有言，"法律，只有透过跨学科的镜片，才能得到最好的理解。"我想引申来说，法律，只有通过跨文化的交流，才能得到最好的阐释。只有意识到自己的血脉，自己的根在哪里，才能找到最适合自己的道路。从这个角度，我认为几十万的 LLM 是值得的，它带给我的除了知识，还有更深层的文化体验和思索。在多元文化的交流中，我们更加清醒地认识了世界，走出国门，反观自身，也更清晰地认识了自己。

至于为什么回国，我通常笑而不语。我们是中国人，中国是我们的家。无论走在世界任何一个地方，我都深深地热爱和思念着她。出国学习是为了拓展视野，了解其他国家的法律状况，博采众长，为我国法治进步做贡献。尽管目前我国还有很多不尽如人意的地方，但这正是需要我们奉献力量的时候。

我始终相信，无论何时，中国都是最适合中国人发展，也是最值得我们奋斗的地方。

那些年漂洋过海，跋涉万水千山，行囊里满载着憧憬与热切，张扬着青春的锋芒与执着。

如今，时过境迁，小女孩已为人母，留学的岁月也像运载飞船的火箭，尽展绚丽光华，继而融入万丈星海。

很多个瞬间，故事都重现眼前。

当浮光掠影散去，守一盏灯，捧一杯茶，细细打量那些深藏在时间罅隙的情节，我终于明白，往事没有随着光阴匆匆流淌而黯然失色，却是以更厚朴凝重的方式存在着，散发着悠久的魅力，点亮每一个暗夜后的黎明。

在一个偶然的秋日午后回眸，密歇根依旧风姿绰约。

（全书完）

后记：雁归

早上收到正在美国法学院读书的小妹的来信，说五月可以回国实习，且已顺利联系好实习律所，心中甚是宽慰。

与远在洛杉矶的师弟微信了几句，问起他是否回国。他说打算读完 LLM，再申请一个国际商法的硕士项目，是法学院和商学院合作的。为他感到高兴。与他提及我的好闺密也在洛杉矶，JD 毕业后申请到了美国一家律所，做诉讼业务。今年春节她回国我们曾经见过一面，聊天中得知，她是这家大型美国律所在洛杉矶的 170 多个员工中唯一的中国人。诉讼业务对美国当地人也是需要天赋和努力的，对华人而言，难度可想而知。有一次，她发了朋友圈，说第一次出庭，3 个小时的对抗制庭审，交叉询问等环节经历下来，没有掉链子，而且非常出色。为她感到骄傲，更感慨她这一路的不易。

我从美国密歇根大学法学院毕业后直接回国工作，如今已经过去了七年。人们常说七年足以改变很多。的确，这七年，发生了太多事，从毕业时的踌躇满志，志比天高，到如今的脚踏实地，迈着坚实的步伐继续前行。这七年间的酸甜苦辣，宠辱得失，回望过去，也是丰实。说一言难尽，有些为赋新词强说愁。曾经感叹往事纷纭，"一言难以道尽"。而又走过一些路，尝过一些酒，见过一些人，发觉那昔日的感叹其实也不足为道。

如今更加不敢用"深刻""经历"这些词来框定自己有限的人生。今天是世界阅读日，看到法律出版社、中国政法大学出版社、法学家高鸿钧、何海波、王人博等都推荐了阅读书单，有些读过，有些未读。

与浩如烟海的知识相比，自己的存储量再多，也远远不及大海的一朵浪花。与灿若星辰的法学大家相比，自己的留学经历再是所谓的"精彩"，也不及一路奔腾的大江大河。每个人都是有限的。

之所以愿意在今年重新将美国留学这段故事重提上写作与出版计划，不是因为任何外在的诉求与迫使，而纯粹是因为内心的渴望。

这是我真实的心声。因为密歇根的星空留下了当时的记忆，而那记忆里，有金色的璀璨，也有蔚蓝的怀念。不是一言道不尽，而是随着时光散去，酒在发酵，情感在沉淀中更加凝重。

今天走在路上，暖风与艳阳让人觉出了夏的闷热与聒噪。不觉谷雨已春深。而感到人生也如夏般葱茏，对法学，对生活，有了不同于初入行时的理解。从前看懂五成，如今领悟七八成。距离真正的厚重和丰盛还有距离，但对这参天绿荫，已不再感到遥远。

夏目漱石三十岁的时候，曾经这样说："人生二十而知有生的利益；二十五而知有明之处必有暗；三十而知明多之处暗也多，欢浓之时愁也重。"

细想这话中滋味，颇有感受。三十之后，仿佛恍然间"星垂平野阔"，很多滋味都变淡。知道多少成就背后对应的就是多少

后记：雁归

残缺与牺牲。更知为了得到，必然要承担失去。而得到的，都是心血化成。

不再执着于过去的很多追求，但同样钦佩那些依然执着不弃的顽强灵魂。

每个走出国门的青年学子，有机会申请到名校的，都有各种不易。

学弟创业，专做美国名校法学院申请。因为加了他的公众平台，所以经常能看到"放榜名单""美国法学院最新排名"之类的推送文章，使自己回忆起当时的历程。那些足迹，如今看虽然不能撼动冬天雪景里威风凛然的密歇根教学大楼，却步步都是烙在心底的印记。青春，是那样无所畏惧、无所保留、无所顾忌，所以才更加难以忘记。

浪滔滔，多少话语，最终都弥散在时光的洪流中。我们依然在前行。早上在备忘录写下：浮于水面的文字。心里想着，文字或许就是浮光掠影般，记录得再多再热烈，随着时间过去，也都会不一样。

美国留学这本故事，也是多读几遍而不断尝新的。我无法穷尽在特定年龄象限下所有的机缘和思绪。

尽管如今同样面临年龄和经历的局限，我依然愿意解读在心底激荡了多年的留学往事。感谢中国法制出版社的编辑们给予我难得的平台，让我有重新回顾和付梓的机会。逐渐沉着的文字，伴随着近年身处中国法律实践而不曾停歇的中西方对比反思，让我有更丰实的表达力来讲述那段大洋彼岸的故事。

最重要的不是理论。因为早有很多很多法学家、历史学家、政治学家，或者文化学者对中西方对比有过思索，并且通过丰硕的研究成果对中美文化与法学知识进行系统的介绍。

于我而言，特定历史方位下的世界和中国，世界的法律和中国的法律，世界的法律人和中国的法律人，在作为一个独特个体的青年留学生心灵间的投射，才是这杯茶的特殊滋味。

如果说叙事中还有独特之处，那就是一颗充盈着感怀的心，一双敏锐观察的眼睛，一份朴素的真实，以及颇有些浪漫悠扬节律的文字。

其实今天的世界与我在美国时候相比，又发生了许多变化。过往终将成为历史。那么，为何对历史还念念不忘？我想，除了有追忆，更多是因如歌的行板中不断谱出的崭新诗篇。始终对未来充满期待，以最充足的准备迎接每一轮朝阳，或许这才是所有过去馈赠于我的最宝贵的财富。

附：申请文书

壹 个人陈述

Personal Summary

Aristotle once observed that law is reason free from passion. However, in my understanding, law is passion out of reason. I made the resolution to contribute to the preservation of justice in my early adolescence. Throughout the years, a strong passion has driven me on my way to realize this dream. That is why I am pursuing your program—another one of my persistent efforts and applying to take part in the Master of Laws (LLM) Program of University of Michigan Law School.

Initially committed to legal studies, I grabbed at every opportunity to absorb and practice when I was a freshman. Among all my efforts, it was an academic research done by three co-partners and myself that impressed me most. The project focus was Volunteering Risk Prevention and Legislation. We aimed to investigate what kinds of risk volunteers suffer, how they overcome them, when social insurance draws the line, and where law extends its influence. We spent a whole year delivering questionnaires in my homeland of China to more than 60 cities of 30 provinces via door-to-door interview or electronic platform to assemble volunteers' anticipation and apprehension. We finally obtained 1246 effective data from diverse layers of herd, finished a paper and illustrated the necessity of a national level legislation in volunteering area, including clarification of participants' legal rights and promotion of NGO risk prevention mechanism. Being the research team leader, I have to consider more than a subject, but the collaboration of every member, coherence of each step, coordination of dissimilar characters, and combination of regional differences. That was my first experience with intensive legal research and I benefited a great deal from it. This project showed the team and me the capacity of organization and patience of examination, and the keenness of regulation and solutions.

Beyond scholarship and apart from detection and fortification, I believe an eligible lawyer's vitality exists in reflection and implementation. This affirmation and aspiration forms the inner power to sustain my curiosity. By exchange programs with Humboldt University of Berlin, the University of California Davis, Cornell University, and Thomas Jefferson School of Law, I have compared legal systems from the old fashioned regions to the most-developed nations; revising my discovery, shifting from one continent to another. I have humbly, and gracefully, left my footprints on more than twenty cities and have harvested friendships everywhere. Connections with prestigious law professors and judges offered me not only generous legal references, but more importantly, quality conversations with legal professionals. These valuable friendships and connections brushed my perspective in law and endowed me with the prospect that I can achieve anything.

 Usually, operation is more difficult than orientation. But I have the competence and confidence to carry out this motivation. Artistically poised, I have an intuitive curiosity and academic sensitivity in research and have published two papers in China's leading law journal. I also served as the Chief Director and Project Leader in extracurricular activities with strong inter-personal skills and team work spirit. I am willing to fulfill my God given potential by perceiving deeply and produce prolifically in the graduate stage. I will endeavor to engage my capabilities for progress, and to enlighten prosperity for myself and the prominent University of Michigan Law School.

 研究计划

Statement of Purpose

 My scholarly research focus will be International Business Law, especially International Business Transactions in a convergent global community. My research agenda differs from a traditional perspective in International Business Law by focusing less to shaping contracts and structure deals, but more on the conjunction of regulatory environment and its institutions, the implications of international business regulations and human rights emerging from the trans-boundary operations of multinational enterprise.

The International Business Law with human rights orientation will be a foremost concern of my research, especially labor rights and insurance. In theory, accesses to sufficient social security and health care protection are two fundamental labor rights. However, from my observations, these rights are far from being achieved universal. Even in a prosperous developing China where incessant efforts had been exerted to cure this wound, problems are exacerbated by uneven needs. Multinational enterprises act a pivotal role in the protection of labor rights. China used to be the sweat-factory of multinational enterprises due to its low labor cost, and suffered from the traditional management style with an unawareness of labor rights. However, the promulgation of a new Labor Contract Law of China offers an opportunity for changes. According to the new tendency, it is the enterprise's legal responsibility to take labor's rights as a main concern and protect employments from work injuries by applying adequate insurance. I am willing to conduct further research on this subject with a view from the practical field.

The University of Michigan Law School offers substantial

academic capital for expert learning. A systematic training in both the theory and skills of International Business Law fits my career goal. I desire to explore the legal issues in a dynamic transnational arena with participants of different nationalities and diverging expectations. Furthermore, University of Michigan School of Law has a prominent reputation in cultivating professional lawyers and judges with legal acuity and mature personality. During the conversation with Judge Margaret McKeown, a judge of United States Court of Appeals for the Ninth Circuit, she highly recommended this prestigious law school to me. I desire to breathe the self-governing temperament and compatible research atmosphere on this celebrated fertile soil, with further exploration, and share my expertise with comparative legal contemporaries in a wide range of public services and social activities.

In the future, I will succeed as an International Business Lawyer with a particular focus on public interest. I have the dream that one day I will be alongside with those brave lawyers who came before me and who are honored for their graceful work in practice, flourishing independent thinking, and nourishing innovative spirit. I wish to be a striving law practitioner whose determination surpasses legal practice, a scholarly lecturer whose intellectual life mixes candor and hope, an upright idealism whose justified ideas will be recognized by conscious citizens, and an accountable realism whose rational concern that is respected through the united generation.

Elena
Nov.13, 2009

 **教授推荐信**

Letter of Recommendation

Dear Sir or Madam:

I would like to wholeheartedly recommend Elena as a candidate for your university's law school. I have been the instructor of Elena for almost two years. During this period I found Elena to be an incredibly intelligent, hard-working, focused, driven individual who strives for nothing less than her best performance.

I met Elena during the spring of 2008 after I removed from Peking University to Zhejiang University. Elena came to me for her legal study instruction as part of the Chu Kochen Honors College cultivation. Based on my knowledge, Chu Kochen Honors College selects the most brilliant undergraduates from the university. Students were offered rich resource and opportunity to tailor their courses and deepen their knowledge.

During the first meeting, Elena asked me for some advice in legal research. I recommended her to read a book on civil Law by Mei Zhongxie. I served as a co-editor of this book, which is obscure with abundant concepts interpreted from Latin, French and German. I have often recommended this book to students doing research with me; rarely do they feed back. However, Elena did struggle to explore it. She paged and marked the massive book, came to me for explanation. We had several delightful talks. I helped her clarify some basic legal concepts which are ignored by the mainstream. She also contributed some inspiring thoughts that are rarely recognized in academic field, such as the risk prevention of volunteers. After every interactive conversation, she always demonstrated her dedication to reading the materials recommended by me and to carrying out additional legal analysis. Her enthusiasm for research really shines through in her message below.

Elena's command of the English language is practically flawless. However, she felt necessary to widen her language ability in order to overcome academic barrier. Because my major focus is German Law, according to my suggestion, she turned to choose a German language course in our university. After one semester's study, she is capable of using basic German vocabulary and grammar. She has also been involved into a German summer school in Berlin, Humboldt University on Dispute Resolution. She served as the only Chinese student in the distinguished program and made some contribution to bridge the cultural gap. She was also recruited by Münster University International Model United Nations (MUIMUN) and was accepted as a delegate to the simulated International Court of Justice (ICJ).Even she was not succeeded in managing the time between a competition and this activity, the seat she acquired in the competitive world-class community is worth mentioning. In terms of her diverse educational opportunities, I am deeply impressed that she continues to better herself so much each time I speak with her.

Elena serves as a positive example of what an aspiring legal scholar should be, both in and out of the classroom. I enjoy knowing about her progress. It is amazing how much she has grown professionally and personally since we met almost two years ago. I believe Elena would make a valuable addition to any American university's incoming class of postgraduate scholars. I hereby endorse Elena for your law school's prestigious program without any reservation.

Sincerely,

Zhang Gu

Professor of Law,
Faculty of Civil Law
No.51 Zhijiang Road
Zhejiang University Guanghua Law School

致 谢

感谢我的父母。"哀哀父母,生我劬劳",几十年风雨兼程,养育之恩,没齿难忘。

感谢我的爱人。一路相伴,虽历经坎坷,却初心未改。这份恩情更应加倍珍惜。

感谢工作中给予我谆谆教诲的领导和同事们,你们的指导和包容让我从稚嫩走向成熟,完成一次次蜕变。

感谢求学过程中帮助过我的师长们。在人生的关键节点,你们无私的扶携引领我不断踏上人生新的台阶。

特别感谢中国作家协会副主席张炜,山东省作家协会副主席铁流,以及山东省作家协会的领导和老师们。你们带我踏上真正的文学道路。

感谢中国法制出版社的赵宏主任和杨智主任给我这次宝贵的机会,把这部激荡在心中近十年的留学故事倾情演绎,以全新的叙事方式奉献给广大读者朋友。

最后,谢谢支持我的读者朋友们。你们的批评指正激励我前进。

图书在版编目(CIP)数据

留学修炼手记:你所不知道的留学故事/曼筠著.—北京:中国法制出版社,2019.12

ISBN 978-7-5216-0639-3

Ⅰ.①留… Ⅱ.①曼… Ⅲ.①留学生－学生生活－文集 Ⅳ.①G648.9-53

中国版本图书馆CIP数据核字(2019)第250252号

策划编辑:杨智

责任编辑:杨智　冯运(fengyun1s@126.com)　　　　封面设计:汪要军

留学修炼手记:你所不知道的留学故事
LIUXUE XIULIAN SHOUJI: NI SUO BU ZHIDAO DE LIUXUE GUSHI

著者/曼筠

经销/新华书店

印刷/三河市紫恒印装有限公司

开本/880毫米×1230毫米　32开　　　　印张/9　字数/202千

版次/2019年12月第1版　　　　　　　　2019年12月第1次印刷

中国法制出版社出版

书号 ISBN 978-7-5216-0639-3　　　　　　　　定价:42.80元

北京西单横二条2号　邮政编码100031　　　　传真:010-66031119

网址:http://www.zgfzs.com　　　　　　　　编辑部电话:010-66034985

市场营销部电话:010-66033393　　　　　　　邮购部电话:010-66033288

(如有印装质量问题,请与本社印务部联系调换。电话:010-66032926)